Barbara Gussone & Günter Schiepek

Die „Sorge um sich"
Burnout-Prävention und Lebenskunst in helfenden Berufen

Barbara Gussone & Günter Schiepek

Die „Sorge um sich"

Burnout-Prävention und Lebenskunst
in helfenden Berufen

Mit einem Vorwort von Prof. Dr. Heiner Keupp

Verlag

Tübingen 2000

Kontaktadresse der Autorin und des Autors:

Barbara Gussone
PD Dr. phil. habil. Günter Schiepek
Institut für systemische Therapie- und Organisationsplanung
Privates Institut e.V.
Sandstr. 41

80335 München

Die Deutsche Bibliothek - CIP-Einheitsaufnahme

Ein Titeldatensatz für die Publikation ist bei Der
Deutschen Bibliothek erhältlich

© 2000 dgvt-Verlag
Hechinger Straße 203
72072 Tübingen

Umschlaggestaltung: MH Fotodesign, Matthias Hinkelmann, Bremen
Satz: Iris Belz, Reutlingen
Druck: Druckerei Deile GmbH, Tübingen
Bindung: Buchbinderei Nädele, Nehren

ISBN 3-87159-029-0

Leben hat was mit Gestalten zu tun.
Und nicht nur mit Aushalten,
und nicht nur mit Rollen übernehmen.

(Eine unserer Gesprächspartnerinnen
zum Thema Lebensqualität
von Professionellen)

Ich halte es nicht für erforderlich, genau zu wissen, was ich
bin. Das Wichtigste im Leben und in der Arbeit ist, etwas zu
werden, das man am Anfang nicht war. Wenn Sie ein Buch
beginnen und wissen schon am Anfang, was sie am Ende sagen
werden, hätten Sie dann noch den Mut, es zu schreiben?

Was für das Schreiben gilt und für eine Liebesbeziehung, das
gilt für das Leben überhaupt. Das Spiel ist deshalb lohnend,
weil wir nicht wissen, was am Ende dabei herauskommen wird.

(Michel Foucault im Interview mit R. Martin
am 25. Oktober 1982)

Inhalt

II. Die „Sorge um sich"

III. Gespräche. Wie praktizieren PsychotherapeutInnen die „Sorge um sich"?

7

Vorwort

Der Krisendiskurs begleitet das psychosoziale Arbeitsfeld von seiner Entstehungsphase an. Aber anfangs ging es immer um Krisen und Leidenszustände von Menschen, denen professionelle Hilfe angeboten wurde. In den 60er und frühen 70er Jahren hatte dieser Diskurs seine besondere Konjunktur. Mit einem – im Zuge von StudentInnen- und politischer Reformbewegung – geschärften Bewußtsein für gesellschaftliche Probleme und ihre Auswirkungen auf die Subjekte sind immer größere Bevölkerungsgruppen von der psychosozialen Krisendiagnostik erfaßt und als behandlungsbedürftig eingeschätzt worden. Eine explosiv wachsende Zahl von psychosozialen HelferInnen war zur Stelle, um Beratungs- und Therapieangebote vorzuhalten. In dieser Aufschwungphase war nicht von den Belastungen und Leiden der HelferInnen die Rede. Diese konnten ihre eigenen Berufskrisen sehr gut durch den Wechsel ihrer Arbeitsstelle, durch vielfältige Fort- und Weiterbildungsmöglichkeiten oder durch den Aufbau eines ganz neuen Projektes auffangen. Es war nicht unüblich, nach zwei Jahren in einem spezifischen Arbeitsfeld die Stelle zu wechseln und zwischen den beiden Anstellungen einen mehrmonatigen Urlaub einzulegen.

Mitte der 70er Jahre gab es erste Hinweise auf das, was in den 80er Jahren dann als das Ende des „kurzen Traums immerwährender Prosperität" bezeichnet wurde (so der Buchtitel von Burkart Lutz aus dem Jahr 1984). Erkennbar wurde, dass sich die kapitalistische Moderne nicht mehr als linear-kontinuierliche Fortschrittsbewegung entwickeln würde. In den späten 70er Jahren wurde immer klarer, dass auch die psychosozialen Blütenträume eines immer weiteren Ausbaus des Versorgungsnetzes nicht würden reifen können. Es kamen die ersten besorgten Prognosen, dass es zu einer sozialen „Kahlschlagpolitik" oder einem „Sozialabbau" kommen würde. Auch wenn sich diese Prognosen oft in ihren negativen Erwartungen als falsch erwiesen, unübersehbar war, dass viele Finanztöpfe begrenzt wurden und weitere Ausbauhoffnungen begraben werden mußten. In dieser Stagnationsphase rückten zunehmend die Befindlichkeiten der Angehörigen der helfenden Berufe ins Zentrum der Aufmerksamkeit. Einerseits entwickelte sich ein geschärftes Bewußtsein für das professionelle Umgehen mit den eigenen Grenzen und Ressourcen und andererseits wurden die Standards für qualitätvolle psychosoziale Arbeit zum Thema.

Wolfgang Schmidbauer hatte 1977 mit seinem höchst erfolgreichen Buch Die hilflosen Helfer unsere Aufmerksamkeit auf die anstrengenden Seiten und unbewusste Motivationslagen helfender Tätigkeiten gerichtet. Die seither stetig anwachsende Literatur über Krisen in den helfenden Berufen haben diesen Berufen eher eine defensive kollektive Identität verschafft. Man könnte von einem Selbstbild der Larmoyanz sprechen. Überall lauern Bedrohungen und Gefahren: Vom Sozialabbau über eine restriktive Psychotherapiegesetzgebung bis hin zur inflationären Eigendiagnose „Burnout". Bei einem oberflächlichen Blick auf die Welt der helfenden Berufe hätte man allen Grund, sich um diese Sorgen zu machen. So wird in den unreflektierten Motivationshintergründen von Menschen, die sich für psychosoziale Berufe entscheiden, einerseits eigene uneingestandene Bedürfnisse nach Umsorgt- oder Versorgt-werden entdeckt. Und andererseits könnte das berufliche Handlungsfeld wie ein minenverseuchtes Gelände erscheinen, in dem das eigene Überleben oder zumindest das Wohlbefinden der HelferInnen permanent bedroht ist. Gerade dieser selbstbezügliche Krisendiskurs bedient aber auch die Hämebereitschaft, auf die die Angehörigen der PSY-Berufe geradezu anziehen: Hier zeige sich, dass Angehörige von helfenden Berufen schon immer vor allem selbst hilfsbedürftig waren. In Abwandlung des bösen Verdikts von Karl Kraus über die Psychoanalyse heißt es dann, daß psychosoziale Helfer eben die Krankheit repräsentieren, die sie zu behandeln vorgeben. Der selbstmitleidige und der hämische Diskurs reichen sich die Argumente, als ob es verabredet worden wäre.

Barbara Gussone und Günter Schiepek greifen zwar die genannten Diskurse auf, aber sie geben ihnen eine ganz ungewöhnliche und nach meiner Auffassung produktive Wendung. Sie vermeiden konsequent, ein weiteres Kapitel professioneller Krisen- und Leidensprosa vorzulegen. Das schaffen sie nicht dadurch, dass sie Belastungen leugnen, sondern dadurch, dass sie eine andere Umgehensweise damit aufzeigen. Bereits ihr Titel „Die Sorge um sich" verweist auf die Richtung ihrer alternativen Auseinandersetzung mit beruflichen Problemen: Sie greifen auf einen Autor zurück, der in der Psychologie nie besonders beliebt war, obwohl er seinen eigenen fachlichen Ursprung in einem Psychologiestudium hatte: Michel Foucault. Foucault gilt für viele als ein unerbittlicher Kritiker psychosozialer Praxis. Er könne in ihr ja ohnehin nur ein Instrument mehr oder weniger subtiler sozialer Kontrolle sehen. Foucault hat die Macht in einer bis dato kaum erreichten differenzierten Form untersucht. Im Lichte seiner Ergebnisse erkennt man Macht überall. Gerade das naive Helfen möchte sich aber doch als das genaue Gegenteil von Machtausübung verstehen. Jemand, der die Reinheit des Hilfediskurses mit der Unterstellung untergründiger Machtausübung verunreinigt, hat keinen einfachen Weg zur Erlangung von Wertschätzung der entsprechenden Fachvertreter zu erwarten. Foucault gilt deshalb wohl eher als Nestbeschmutzer, von dem man keine hilfreichen Analysen und Konzepte erwarten könne. Das vorliegende Buch zeigt, welch groteskes Mißverständnis sich in einer solchen Einschätzung hält. Man könnte Foucault in einer doppelten Weise neu entdecken: Er hat zum einen sehr viel zu einer Empowerment-Perspektive beizusteuern und er entwirft zum anderen vor allem in seinen allerletzten Arbeiten einen Pfad zum Thema Lebenskunst und Selbstsorge, der für die Arbeit mit hilfebedürftigen Menschen, aber vor allem auch für die Arbeit der Professionellen mit sich selbst und den eigenen Ressourcen eine anregende Perspektive eröffnet.

Angehörige von helfenden Berufen möchten mit dem Thema Macht nicht gerne in Zusammenhang gebracht werden. Das löst Assoziationen von Manipulation oder Unterdrückung aus. Foucault würde das nicht leugnen und hat gerade auch solche Prozesse aufgezeigt, aber er macht auch darauf aufmerksam, dass jedes Subjekt aus der Macht geboren wird. Etymologisch verweist der Begriff auf „machen” und „vermögen” und das sind ja die sprachlichen Wurzeln der individuellen Handlungsfähigkeit. Handlungssouveränität oder „Selbstwirksamkeit” sind ohne Macht nicht möglich. In seiner Machtanalytik geht Foucault der Frage nach, wie Menschen diese „Selbstmächtigkeit” erreichen können – aus meiner Sicht zentrale Voraussetzungen für Empowermentprozesse.

Eine wichtige Voraussetzung für die Gewinnung von Eigenmächtigkeit sieht Foucault in der „Selbstsorge”, worunter er „auf sich selbst achten” oder „sich um sich selbst kümmern” versteht. Er meint damit die „Sorgfalt, die man auf sich selbst verwendet". Diese Sorgfalt ist die Voraussetzung dafür, das eigene Leben gestalterisch in die Hand zu nehmen und sich nicht an heteronom gesetzten Normen und Erwartungen auszurichten. Es geht in der foucaultschen Vorstellung von Lebenskunst um die „permanenten Kreation unserer selbst", um die Aufgabe der Ausarbeitung seiner selbst oder um die Gewinnung einer unverwechselbaren ästhetischen Gestalt unserer Identität.

Das Konzept der Selbstsorge hat es – wie Foucault aufzeigt – in der christlich-abendländischen Tradition gar nicht leicht: „Wir sind geneigt, in der Sorge um sich selbst etwas Unmoralisches zu argwöhnen, ein Mittel, uns aller denkbarer Regeln zu entheben". Es wird in die Nähe von Egoismus gebracht und ist damit in einem Fahrwasser, das als unmoralisch-trübe gilt. Die „gute" Alternative schien immer die „Pastoralmacht" auf ihrer Seite zu haben. Es ist die Macht der „Kümmerer", die scheinbar selbstlos in die Seele des anderen Menschen eindringen, um ihn fürsorglich führen zu können. Diese pastorale Macht des Hirten-Führers steckt als heimliches Curriculum in den unbewußten Programmierungen der helfenden Berufe und diese Programmierungen werden durch die sozialpolitischen Rahmenkonditionierungen der „fürsorglichen Belagerung" gestützt. Pastoralmacht setzt nicht auf Selbstsorge und Eigenmächtigkeit, sondern auf die Bereitschaft, sich dem Hirten zu öffnen und auszuliefern.

Nur wenn wir unser Selbstverständnis als Angehörige der helfenden Berufe nicht mehr in den Spuren der Pastoralmacht definieren, sondern in der Tradition der Lebenskunst schaffen wir uns die Voraussetzung, die Sorge um die eigenen Ressourcen nicht als Widerspruch zur Förderung der Ressourcen von Menschen zu verstehen, die bei uns Hilfe suchen. Nur wer auf die richtige Weise für sich selbst sorgt, kann auch andere Menschen dabei unterstützen, sein eigenes Leben in die eigenen Hände zu nehmen. Im vorliegenden Buch wird diese Idee im Anschluß an Foucault entfaltet und auf die Arbeitssituation helfender Berufe praktisch gewendet.

Heiner Keupp

im Frühjahr 2000

Vorbemerkung der Autoren

Die folgenden Ausführungen sind in der Absicht verfaßt, zu einer Anregung und Erweiterung von Reflexionsgrundlagen im Umgang mit der eigenen Psychohygiene beizutragen. Hintergrund ist der Gedanke, daß eine befriedigende Art, das eigene Leben zu gestalten, eine Grundvoraussetzung für erfolgreiche psychosoziale Arbeit darstellt. „Hauptsache dem Therapeuten geht's gut" lautet der provokative Titel eines Aufsatzes von Arist von Schlippe (1990). Doch leider geht's oft nicht so gut. Freud (1975, S. 388) jedenfalls war der Auffassung, daß das Therapieren und Analysieren einer von drei „unmöglichen Berufen" sei, neben dem Regieren und dem Erziehen. Bestätigt sich diese pessimistische Einschätzung des therapeutischen Tuns durch die weite Verbreitung des sogenannten „Burnout-Syndroms"?

Seit etlichen Jahren ist das Phänomen des „Ausbrennens" von Menschen, insbesondere solcher, die in sozialen und medizinischen Berufsfeldern tätig sind, in der psychosozialen Landschaft von Interesse und auch Gegenstand psychologischer Forschung. Ist Burnout ein Symptom der „Risikogesellschaft"? Sind bestimmte institutionelle oder organisatorische Gegebenheiten für das „Ausbrennen" von vormals engagierten und kompetenten Menschen verantwortlich? Oder ist Burnout eher eine Folge persönlicher Schwierigkeiten einzelner professioneller HelferInnen[1] („Helfersyndrom")?

---

[1] Eine Anmerkung zur Sprachregelung: Wir haben keine wirklich befriedigende Lösung gefunden, jeweils beide Geschlechter (= Helfer und Helferin) zu benennen, ohne die Lesbarkeit des Textes zu beeinträchtigen. Wir werden daher hauptsächlich die weibliche Endung mit Großbuchstaben verwenden (z.B. HelferIn), meinen aber jeweils die Männer mit.

Im *ersten Teil* dieses Buches werden unterschiedliche theoretische Konzeptionen von Burnout dargestellt, womit wir unter anderem soziologische, arbeits- und organisationsbezogene sowie individuumzentrierte Perspektiven einnehmen. Im *zweiten Teil* geht es darum, einen positiven, d.h. nicht defizit-, sondern ressourcen- und entwicklungsorientierten Gegenbegriff zu „Burnout" in die Diskussion einzuführen: Das Konzept der „Sorge um sich". Dies ist kein eigentlich psychologischer, sondern ein philosophischer Begriff. Der *dritte Teil* der Arbeit dient der Verknüpfung mit der Praxis, soll eine „Erdung" der theoretischen Ausführungen bewerkstelligen. Wo haben die „Sorge um sich" und die Einübung in die „Praxis der Freiheit" speziell für PsychotherapeutInnen ihren Ort? Um dieser Frage nachzugehen, habe ich (B.G.) vier Psychotherapeutinnen unter der Perspektive einer ressourcenorientierten Fragestellung interviewt: Wie sorgen sie dafür, *nicht* auszubrennen? Alle vier Gespräche wurden in Kurzportraits zusammengefaßt mit Bezug auf die vorher diskutierten Konzepte von Burnout und Selbstsorge diskutiert. Darüber hinaus habe ich ein „Expertinneninterview" mit einer Psychologie-Professorin zum Thema „Lebensqualität von PsychotherapeutInnen" durchgeführt, dessen (gekürzter) Abdruck in Interviewform belassen wurde.

Der 1984 verstorbene Philosoph und Psychologe Michel Foucault hat sich mit der Aufgabe des/der Einzelnen, Sorge für den eigenen Lebensstil zu übernehmen (das heißt z.B. auch: aktiv die Auseinandersetzung in und mit Machtbeziehungen zu suchen) intensiv befaßt. Foucaults Vorstellung davon, wie der/die Einzelne diese Aufgabe wahrnehmen sollte, ist die eines lebenslangen Prozesses der Arbeit an sich selbst, der „Sorge um sich". In ihr kommt eine höchst politische Forderung zum Ausdruck, denn an die Stelle eines Menschen, der sich fremden Normen unterwirft, tritt das Individuum, das sich selbst konstituiert. An die Stelle des „Regiert-Werdens" durch Staat, Medien, Wirtschaft, Kirche oder andere Institutionen und Personen tritt die Regierung, die Führung seiner selbst durch sich selbst (vgl. Schmid, 1992, S. 58ff.). Ethisches Prinzip ist bei Foucault in Abgrenzung von Kant nicht ein „Kategorischer Imperativ", sondern ein „Hypothetischer Iterativ": „So zu handeln, als ob dasselbe wiederkehren würde, um darin einen Maßstab für die Führung des eigenen Lebens zu finden; bereit sein zu können, alles genauso noch einmal zu leben" (Schmid, 1992, S. 386). Es geht darum, einen Lebensstil zu entwickeln, der von Ästhetik und Selbstverantwortung bestimmt wird.

Wie eine solche Arbeit am eigenen Selbst konkret aussehen könnte, dazu äußert sich Foucault bewußt nicht: „Daß Foucault seine Bücher nicht mit Anweisungen zum Handeln ausstattete, hatte seinen Grund in diesem Ethos der Aufklärung, das darin besteht, die Subjekte nicht mehr zu bevormunden, da sie selber zu denken in der Lage sind" (Schmid, 1992, S. 14). Allerdings läßt er auch keinen Zweifel daran, daß sich die „Arbeit an sich" nicht in theoretischen Überlegungen erschöpfen darf: „Denn es gibt keine ‚Freiheit an sich', sondern nur eine Praxis der Freiheit und eine Einübung in die Freiheit, die asketischer Techniken bedarf" (a.a.O., S. 382). Die „Sorge um sich" umfaßt alle Bereiche des Lebens: Den Selbstbezug, die Beziehungen zu anderen, die Arbeit und das politische Handeln. Es werden also alle Ebenen berührt, die an der Burnout-Genese beteiligt sein können und auf denen sich ein „Burnout-Syndrom" manifestieren mag. Insofern ist Foucaults Ansatz für den Entwurf eines Gegenbegriffs zu Burnout besonders geeignet.

17

Zur Frage der Legitimität dieser Anwendung: Foucault betrachtet sein Werk nicht als Selbstzweck, sondern schlägt vor, es im Sinne einer Werkzeugkiste zu benutzen: „Das Buch als Instrument, das nicht der Souveränität des Autors unterliegt, der über seine Rezeption verfügte, sondern das kopiert, wiederholt, fragmentiert, verdoppelt werden kann, um zum Anstoß und Auslöser neuer Ereignisse zu werden, so wie es selbst aus einer Serie von Ereignissen erst hervorging, die sein ‚wahres Gesetz' sind. Die Sentenzen und Gedanken sollten in konkreten Auseinandersetzungen brauchbar sein, dazu dienen diese Werkzeugkisten" (Schmid, 1992, S. 316). Auch wir fordern Sie als Leser/Leserin dazu auf, das Gelesene an Ihren eigenen Erfahrungen zu messen, zu prüfen, was Sie nutzen können, womit Sie weiter arbeiten und experimentieren wollen und das übrige getrost zu vergessen.

Unsere Ausführungen beruhen auf einem Therapieverständnis, in welchem die Ermutigung zur Selbstsorge als elementarer Bestandteil der therapeutischen Arbeit betrachtet wird und gehen von einer – wenigstens potentiell – vorhandenen Begabung des Menschen zu selbstbestimmter Lebensführung aus.

Sicher hätte man die Frage der Burnout-Prävention auch aus anderen theoretischen Perspektiven als der von uns gewählten bearbeiten können. Naheliegend wäre etwa der Ansatz der Salutogenese gewesen, da Antonovskys (1987, 1997) zentrales Konstrukt des Kohärenzsinns nicht nur ein wesentliches Merkmal oder zumindest Korrelat psychischer Gesundheit zu sein scheint. Verstehbarkeit von Erfahrungen und Konstellationen („comprehensibility"), ein Gefühl der Machbarkeit und Gestaltbarkeit beruflicher wie privater Lebensführung („manageability") und vor allem ein Gefühl der Sinnhaftigkeit und des Sich-Lohnens

(„meaningfulness") aller Anstrengungen können sicher auch als Merkmale und Bedingungen eines erfüllten und erfolgreichen Berufslebens gelten. Diese drei wesentlichen Komponenten des Kohärenzsinns (und der Kohärenzsinn als Gesamtkonstrukt) könnten damit auch geeignete Ansatzpunkte für einen ressourcenorientierten Gegenentwurf zum Burnout abgeben. Wir haben uns aber trotzdem entschieden, uns primär Foucault als Wegbegleiter anzuschließen.

Nicht nur, daß im Moment die Frage der Veränderbarkeit des Kohärenzsinns durch konkrete Erfahrungen, z.B. durch Therapie eher ungeklärt ist – unsere eigenen Forschungen befassen sich derzeit damit und Antonovsky hatte ja bekanntlich eine eher skeptische Haltung hierzu: Er betrachtete den Kohärenzsinn – ähnlich wie Adler seinen „Lebensstil" oder Erikson sein „Urvertrauen" – als eine durch frühe Erfahrungen geprägte Disposition. Aber auch, wenn man sich dieser Skepsis nicht anschließen wollte, dann könnte man „Sinnhaftigkeit" (meaningfulness) ja nicht einfach verschreiben, verordnen oder beanspruchen, etwa nach dem Motto: Take it easy, be happy, think positive, and regard your life as meaningful. In jedem Fall müßte man sich diese Erfahrung, diese Selbstinterpretation erarbeiten; man müßte an sich selbst arbeiten, man müßte konkret werden und eine bestimmte Lebenspraxis damit verbinden; man müßte sich engagieren und in das Spiel der Mächte eintreten. Damit aber sind wir bei Foucault, bei der *Praxis* der Selbstsorge. Etwas plakativ könnte man sagen: ein gesunder Kohärenzsinn mag zweifellos ein erstrebenswertes Ziel sein, der Weg aber führt über die Selbstsorge, über die Gestaltung des Lebensstils, über die Praxis der Existenztechniken.

Eine weitere Bemerkung mag uns aus aktuellem Anlaß gestattet sein. Diese betrifft das am 1.1.1999 in Kraft getretene Psychotherapeutengesetz und seine Folgen. Viele Kolleginnen und Kollegen sind durch die damit geschaffenen veränderten Rahmen- und Randbedingungen in ihren Existenzgrundlagen, Zukunftsperspektiven und in ihrer Berufsfreiheit bedroht. Neue strukturelle Bedingungen wie Beschränkungen der Niederlassungsfreiheit, geringere Vergütungen psychotherapeutischer Leistungen, Bürokratisierung von Arbeitsabläufen und wegfallende Identifikationsmöglichkeiten mit ihrer therapeutischen Heimat, so diese nicht Verhaltenstherapie oder Psychoanalyse heißt, beeinträchtigen die eigentliche therapeutische Arbeit. In den Tagen der Fertigstellung des Manuskriptes für das vorliegende Buch erhalten wir die Nachricht, daß der Gesprächspsychotherapie und der Systemischen Therapie die Anerkennung als wissenschaftliche – und damit in vollem Umfang lehrbare – Verfahren nicht gewährt wurde. Dies betrifft mich (G.S.) in besonderem Maße, da ich für die Systemische Therapie über mehrere Jahre an den wissenschaftlichen Grundlagen dieser Beantragung gearbeitet habe und die Prozeß- und Effektivitätsforschung zur Systemischen Therapie einen meiner Arbeitsschwerpunkte darstellt (Schiepek, 1999). Gegenüber solchen existentiellen Bedrohungen wirken manche Belastungen, die in der Literatur als burnoutgefährdend genannt werden, wie Peanuts.

Einmal mehr scheint gerade jetzt der rechte Zeitpunkt für persönliche Psychohygiene nicht zu sein, einmal mehr scheint Selbstsorge purer Luxus und Lebensqualität eine völlig drittrangige Frage. Ginge es nur um persönliches Wohlbefinden, könnte man das eventuell so sehen, man könnte sich aber auch hinstellen und sagen: jetzt erst recht. Da es aber nicht um kompensatorische Selbstpflege geht, sondern um die Grundfrage nach dem Entwurf der eigenen Existenz, nach der Gestaltung seines Lebens, das man aufgefordert ist, in die Hand zu nehmen, und um die Beteiligung an Machtdiskursen, die jede/r von uns mitgestaltet, ist der Zeitpunkt der geeignetste. Wir sind gegenwärtig auf diese Fragen zurückgeworfen und mit einer Intensität konfrontiert wie kaum je zuvor in der jungen Geschichte der psychologisch fundierten helfenden Berufe. Aus unserer Sicht ist es ein ethischer Anspruch, diese Herausforderung anzunehmen. Die Selbstsorge im Sinne einer bewußten Gestaltung unseres professionellen und persönlichen Lebensstils, der sich nicht fremden „Sachzwängen" unterwirft, war selten so politisch brisant.

Die Anregung zur Auseinandersetzung mit der Thematik der Selbstsorge und der Lebensstil-Gestaltung (nicht nur von professionellen HelferInnen und Psycho-Berufen) entstand in einem Seminar über Michel Foucault, das wir am Psychologischen Institut I der Westfälischen Wilhelms-Universität Münster durchführten, an dem ich (G.S.) über fünf Jahre die Vertretung des Lehrstuhls für Klinische Psychologie inne hatte. Das Foucault-Seminar wurde gemeinsam mit Prof. em. Dr. Lilly Kemmler, Dr. Paul Mecheril und Dipl.-Psych. Uwe Michalak initiiert und realisiert.

Das vorliegende Buch ist – von Barbara Gussone – den psychotherapeutischen Kollegen und Kolleginnen in der schwierigen Zeit des Berufsstarts gewidmet, und – von Günter Schiepek – den engagierten Studentinnen und Studenten sowie den mir nahestehenden Kolleginnen und Kollegen der damaligen produktiven und kreativen Münsteraner Zeit. Besonderer Dank gilt den

21

fünf Gesprächspartnerinnen, die ihre persönlichen Selbstsorge-Erfahrungen großzügig zur Verfügung gestellt haben.

Barbara Gussone und Günter Schiepek

im Frühjahr 2000

I. Burnout

*„Unser Leben währt siebzig Jahre,
und wenn es hoch kommt, sind es achtzig.
Das Beste daran ist nur Mühsal und Beschwer."*

(aus Psalm 90)

Ein Problem macht Karriere

Das Phänomen, daß sich engagierte Menschen nach und nach erschöpfen, ihre Energie und ihr Interesse an Aufgaben, die sie vorher begeistert haben, verlieren und sich schließlich wie „ausgebrannt" fühlen, ist sicher nicht neu. Im Zusammenhang mit helfenden Tätigkeiten hat es seit rund zwanzig Jahren Eingang in die psychologische Theoriebildung gefunden. In der Literatur wird meist Herbert Freudenberger als Initiator der psychologischen Diskussion um das Ausbrennen von HelferInnen genannt. In seinem Artikel *Staff Burnout* (1974) beschreibt Freudenberger, wie Mitglieder einer alternativen Kriseninterventionsstation sich zu Beginn ihrer zum Teil ehrenamtlichen Tätigkeit als pflichtbewußt, aufopferungsvoll und idealistisch erwiesen hatten, aber schon nach kurzer Zeit bestürzende Einstellungs- und Verhaltensänderungen durchmachten: Ehemals besonders freundliche

Leute erschienen jetzt reizbar, mißtrauisch und halsstarrig. Sie sprachen zynisch und abwertend über Arbeit und KlientInnen, wirkten müde, erschöpft und zeigten depressive Symptome.

Mit einer empirischen Studie hat Maslach (1976) das Problem des „Burnout" als wissenschaftlichen Untersuchungsgegenstand eingeführt. Seitdem ist eine wahre Flut von Veröffentlichungen zum Thema erschienen: Schon vor zehn Jahren zählten Kleiber und Enzmann (1990) in einer internationalen Bibliographie insgesamt 2496 Publikationen, die sich in den Jahren 1969 bis 1989 mit Burnout beschäftigten. Die meisten Titel bezogen sich auf helfende Berufe (43%) sowie auf erziehende und lehrende Berufe (32%). Andere Professionen fielen daneben weniger ins Gewicht: Verwaltung und Management (9%), Justiz und Polizeiarbeit (4%), sonstige (12%). Über die wissenschaftliche Literatur hinaus liegen zahlreiche populärwissenschaftliche Veröffentlichungen, unter anderem in Form von Ratgebern vor, was als Hinweis auf die Relevanz des Themas gewertet werden kann.

Wagner (1993) weist auf einen mit dessen Popularität einhergehenden Gefahrenpunkt hin: Er befürchtet, daß nicht nur eine sensibilisierte Fremd- und Selbstwahrnehmung zu dessen Verbreitung beigetragen hat, sondern daß das Thema auch zur kommerziellen Modewelle wurde, über welches sich Marktanteile in der psychosozialen Szene erobern lassen. Das könnte dazu führen, daß „Burnout" von der Scientific Community nicht mehr als ernstzunehmender Forschungsgegenstand gewertet wird – eine Gefahr, die angesichts der vielen Publikationen zum Thema jedoch nicht sehr bedrohlich wirkt. Gravierender wäre es, angesichts seiner Allgegenwärtigkeit („jeder ist ein bißchen ausgebrannt") auch ernsthafte Burnout-Zustände zu bagatellisieren.

Die Popularität des Begriffs „Burnout" wird von Enzmann und Kleiber (1989) mit seiner Bildhaftigkeit und intuitiven Verständlichkeit in Zusammenhang gebracht, was jedoch um den Preis einer gewissen begrifflichen Unschärfe erkauft wird. Der Bedeutungshof von „Burnout" war und ist keineswegs auf psychologische Phänomene beschränkt: Ein Gebäude, von dem nach einem Brand nur noch die Ruinen stehen, ist „ausgebrannt". In der Kernenergietechnik wurde der Begriff „Burnout" zum Fachterminus. Laut Brockhaus ist darunter das „Durchbrennen von Reaktorbrennstäben oder -komponenten infolge zu geringer Kühlung (Kühlmittelausfall) oder zu hoher Wärmeerzeugung (unkontrollierte Kernspaltung)" zu verstehen (dtv Brockhaus Lexikon, 1989, S. 149f.).

Auf menschliches Erleben und Verhalten wurde der Begriff zunächst im Englischen ausgedehnt. „To burn oneself out" lautete ein umgangssprachliches Idiom, das um 1900 synonym zu „to work too hard and die early" auch in die Hochsprache übernommen wurde (Partridge, 1961). Weit vorher schon findet sich die Metapher des Brennens und Ausbrennens bei Shakespeare: „She burnt with loue, as soon as straw with fire flameth, she burnt out loue, as soon as straw out burneth" (Shakespeare, 1940, S.15; sinngemäß: „Wie ein Strohfeuer brannte sie lichterloh – und brannte lichterloh aus, einem Strohfeuer gleich"). Das Deutsche kennt das Bild des Brennens und Loderns immer schon für intensive Gefühle: Die „Liebe brennt", und man „brennt darauf, endlich etwas anzupacken". Ein Beispiel aus der Belletristik liegt mit Graham Greenes 1961 erschienenem Roman „Ein ausgebrannter Fall" vor. Protagonist ist ein berühmter französischer Kirchenbauarchitekt namens Query, der zynisch, müde, kurz: ausgebrannt die Flucht ins Ungewisse antritt. Es verschlägt ihn ausgerechnet auf eine Leprastation im Kongo. Greene beschreibt das emotionale Schicksal von Query.

Burisch (1994) äußert kritisch, die Metapher „Burnout" beschreibe das Phänomen nicht treffend, da im technischen Bereich ein Ausbrennen zum sofortigen Stillstand einer Anlage führe, während beim Menschen damit oft jahrelange Quälerei verbunden sei. Das mag sein, doch hat sich – wie schon angedeutet – der Begriff kaum wegen seiner phänomenübergreifenden sachlichen Präzision durchgesetzt, sondern gerade wegen seiner Unschärfe – denn die Erscheinungen bzw. Prozesse, die er benennen soll, sind ebenfalls schillernd. So findet zum Beispiel Gillespie (1983) bei einer Zusammenschau von Symptomdarstellungen aus 64 Publikationen etliche Widersprüchlichkeiten oder zumindest Antinomien: „Feindselig" sollten von Burnout Geplagte sein und zugleich „zurückgezogen", „ungeduldig", aber auch „kühl und unemotional", es gäbe die „Einschätzung, sich unangemessen zu verhalten", aber auch „Überlegenheitsgefühle und eine Haltung übertriebener Zuversicht", „Isolierung" und „Cliquenbildung mit Kollegen", „Ignorieren vs. Gefühle von Arbeitsüberlastung", „zwanghaftes Klagen vs. Resignation", „gesteigertes Engagement im Außendienst vs. Bevorzugung von Büroarbeit gegenüber der Arbeit im Feld" usw. Eine schillernde Metapher also. Als solche ist sie möglicherweise gut geeignet, widersprüchlich Erscheinendes auf einen Nenner zu bringen, hat aber den Nachteil, sich nicht leicht in operationalisierbare Definitionen überführen zu lassen.

Burnout definieren?

„Es ist viel leichter, das Ausgebranntsein von haupt- oder neben-beruflich im Sozialbereich Tätigen zu beobachten und zu be-schreiben, als es zu definieren. Es betrifft vieles und viele ..." (Edelwich & Brodsky, 1984, S. 11). Diese Einschätzung spiegelt sich bei einer Durchsicht der einschlägigen Literatur darin wi-der, daß zahlreiche AutorInnen ihre Ausführungen mit Fallbei-spielen beginnen, um eine erste Antwort darauf zu versuchen, was Burnout sei, so zum Beispiel Burisch (1994), Enzmann und Kleiber (1989), Edelwich und Brodsky (1984) oder Aronson et al. (1983). Die Schwierigkeit einer solchen Herangehensweise besteht darin, daß schon der Auswahl passender Fallbeispiele irgendein Kriterium zugrunde liegen muß, nach welchem eine Darstellung als zur Beschreibung von Burnout geeignet beurteilt wird. Wie Burisch (1994) anmerkt, kommt man durch Präzisie-rungsversuche anhand von Fallbeispielen nicht aus dieser Zirku-larität heraus. Im folgenden stellen wir einige Definitionsversu-che im Sinne von Bemühungen um eine gangbare Sprachkon-vention vor.

Plastisch formulieren Edelwich und Brodsky (1984): „Ausge-brannt ist jeder, der, wenn man ihn fragen würde, was er davon hielte, in 10 Jahren noch dieselbe Arbeit zu machen, antwortet: ‚Eher möchte ich sterben.'" (S. 11). Emener et al. (1982) defi-nieren Burnout als „Zustand physischer oder seelischer Erschöp-fung, der als Auswirkung lang anhaltender negativer Gefühle entsteht, die sich in der beruflichen Tätigkeit und im Selbstbild des Menschen entwickeln". Während diese Definition nahelegt, Burnout beziehe sich vorwiegend auf individuelle psychische

Prozesse, betont Cherniss (1980b) stärker die Reaktivität auf konkrete Arbeitsbedingungen. Er sieht Burnout als „Prozeß, in dem ein/e ursprünglich engagierte/r MitarbeiterIn sich – als Antwort auf am Arbeitsplatz erlebten Streß und Belastung – aus seinem oder ihrem Job zurückzieht" (S. 18, Übersetzung B.G.).[2] Das konstitutive Zusammenspiel von individuellen und Umgebungsbedingungen bringt folgende Definition zum Ausdruck: „Burnout ist kein neu entdecktes Krankheitsbild, sondern ein aus Arbeitsbedingungen, Aufgabenmerkmalen und Personmerkmalen gemeinsam erklärbares Syndrom" (Enzmann & Kleiber, 1989, S. 8).

Im Gegensatz zu den vorhergehenden konzentriert sich das Begriffsverständnis anderer Definitionen auf den psychosozialen Bereich. Burnout sei eine „negative Folge von Arbeitsbeanspruchungen psychosozialer Berufsgruppen" (Kleiber & Enzmann, 1990). „Das Ausbrennen ist das Resultat andauernder oder wiederholter *emotionaler Belastung* im Zusammenhang mit langfristigem intensiven Einsatz für andere *Menschen*. [...] Ihr Ausbrennen ist die schmerzliche Erkenntnis (der HelferInnen, Anm. d. Verf.), daß sie diesen Menschen nicht mehr helfen können, daß sie nichts mehr zu geben und sich völlig verausgabt haben ..." (Aronson et al., 1983, S. 25).

Eine weitere Möglichkeit, sich dem Konzept des „Burnout" zu nähern, besteht in einer Aufzählung von „Symptomen" als Kon-

---

[2] Zur besseren Lesbarkeit wurden die meisten Zitate aus englischen Originaltexten, soweit nicht anders vermerkt, von mir (B.G.) ins Deutsche übertragen.

densat von Einzelfallbeschreibungen. Cherniss (1980b, S. 17) stellt häufig genannte Anzeichen des Ausbrennens zusammen: „Großer Widerstand, täglich zur Arbeit zu gehen; Gefühle des Versagens, Ärger und Widerwillen; Schuldgefühle; Entmutigung und Gleichgültigkeit; Negativismus, Isolierung und Rückzug". Auf den ersten Blick wirken diese und ähnliche Aufzählungen durchaus griffig. Allerdings wird nicht deutlich, in welchem Verhältnis die geschilderten Merkmale zueinander stehen und in welcher Ausprägung sie vorhanden sein müssen, damit man differentialdiagnostisch von „Burnout" sprechen kann. Es bleibt offen, ob es zwischen den beschriebenen Phänomenen Wechselwirkungen gibt und wie diese aussehen. Sicherlich werden die meisten LeserInnen bei dem einen oder anderen Merkmal Bezüge zum eigenen Erleben herstellen können, ohne sich dabei als ausgebrannt zu bezeichnen. Umgekehrt gibt es Menschen, die an Burnout leiden, obgleich die meisten der beschriebenen Anzeichen nicht auf sie zutreffen. Burisch (1994) listet in einer aus einer Fülle von empirischen Befunden zusammengestellten Symptomübersicht nicht weniger als 133 Einzelsymptome auf, darunter so unspezifische wie „Depression", „Langeweile", „Konflikte mit den eigenen Kindern", aber auch solche, die von mehreren Autoren übereinstimmend als kennzeichnend für Burnout benannt werden, z.B. „Verlust positiver Gefühle gegenüber Klienten".

Professionelles Helfen als Risikofaktor?

Burnout betrifft nicht nur Menschen in sozialen Berufen wie PsychotherapeutInnen, PsychologInnen, KrankenpflegerInnen, ErzieherInnen, SozialarbeiterInnen, LehrerInnen, ÄrztInnen etc.,

sondern auch andere Berufsgruppen wie Stewardessen, Biblio-
thekarInnen, ManagerInnen, SekretärInnen, ja selbst Studierende
und Arbeitslose. Burisch (1994) legt eine Auflistung von empirischen Untersuchungen zu verschiedenen Berufsgruppen vor.
Den meisten dieser Berufsgruppen ist gemeinsam, daß sie über
die technische Ausführung einer Arbeit oder Dienstleistung hinaus irgendeine Form von Klienten- oder Kundenkontakt, verbunden mit Erwartungen an emotionales Engagement und Zuwendung beinhalten. Allerdings wird die Burnout-Problematik in
helfenden Berufen oft für gravierender gehalten als in anderen
Berufsgruppen, da hiervon ein zentraler, wenn nicht sogar der
wesentliche Aspekt der Tätigkeit, nämlich die Beziehungsquali-
tät zwischen KlientIn/KundIn und professioneller DienstleisterIn
berührt wird. Daß die Beziehung einen großen Stellenwert im
Hinblick auf den Erfolg von Therapien, Beratungen und anderen
Formen sozialer Arbeit hat, betonen die meisten Therapieschulen
wie auch die empirische Psychotherapieforschung. Unterschiede
zeigen sich kaum im Stellenwert, sondern in der konkreten Gestaltung der Beziehungsdynamik (Kanfer et al., 1991, S. 55f.;
Schiepek, 1999).

Vor dem Hintergrund der damit gegebenen Relevanz der Problematik konzentrieren sich viele Ansätze auch auf Möglichkeiten
der Prävention. Rappaport (1985) ordnet dem medizinischen
Begriff der „Prävention" jedoch eine Haltung zu, die Menschen
mit psychosozialen Problemen ausschließlich unter dem Blickwinkel der Bedürftigkeit sieht und daraus das Recht ableitet,
ihnen fremdbestimmt irgendwelche „Interventionen" oder Prä-
ventionsmaßnahmen angedeihen zu lassen. Einer solchen Haltung stellt er das Konzept des *Empowerment* gegenüber, aus
dessen Perspektive Menschen nicht in „Bedürftige" und „Bürger

mit Rechten" auseinanderdividiert werden, sondern das jeder Person zugesteht, autonom über sich selbst zu verfügen, Rechte und Pflichten zu beanspruchen und zugleich *auch* bedürftig sein zu dürfen. Psychosozial Handelnde, die sich dem in der Gemeindepsychologie zentralen Empowerment-Ansatz verpflichtet fühlen, fokussieren auf die Ressourcen ihrer KlientInnen. Sie gehen davon aus, daß jedes Problem verschiedenartige Lösungen haben kann und fördern deren Entwicklung sowie die Erweiterung von Handlungsspielräumen. Wenn wir hier den Begriff der „Prävention" benutzen, so möchten wir ihn im Sinne einer Unterstützung und Förderung von Empowerment verstanden wissen.

Zu psychosozialen Tätigkeiten gibt es unterschiedliche Zugangswege, unterschiedliche Vorbildungen. Entstehungsbedingungen und Auswirkungen von Burnout sind daher nicht notwendigerweise an bestimmte Herkunftsberufe gebunden. Dennoch unterscheiden sich offenbar die Gewichtung unterschiedlicher Burnout-Faktoren und das Ausmaß der Belastung in einzelnen Berufsgruppen. Das geht jedenfalls aus einer 1986 mit BerufspraktikerInnen aus dem psychosozialen Bereich durchgeführten Untersuchung von Enzmann und Kleiber (1989, S. 151ff.) hervor. An der Fragebogenstudie nahmen 130 vorwiegend in institutionellen Kontexten tätige Personen teil. Es wurde festgestellt, daß sich SozialarbeiterInnen im Vergleich zu ErzieherInnen, KrankenpflegerInnen, ÄrztInnen und PsychologInnen stärker ausgebrannt fühlten: Sie berichteten am häufigsten über negative Merkmale ihrer Institution, erlebten sich besonders stark fremdkontrolliert und verfügten über die unklarsten Erfolgskriterien für ihre Arbeit. PsychologInnen dagegen zeigten sich vergleichsweise am wenigsten ausgebrannt. Sie berichteten über mehr Handlungsspielräume und weniger Fremdkontrolle.

Die psychische Gesundheit professioneller HelferInnen wurde bislang wenig untersucht, am ehesten noch für den ärztlichen Berufsstand. Jurkat und Reimer (1995) weisen auf der Basis einer Analyse vorliegender Untersuchungen Ärzte und besonders Ärztinnen als im Vergleich zum Bevölkerungsdurchschnitt psychisch stärker gefährdet aus, vor allem im Hinblick auf Depression, Suizid, Partnerschaftsprobleme und Sucht. Im Vergleich zum Bevölkerungsdurchschnitt weisen ÄrztInnen eine 2,5-fach erhöhte Suizidrate auf. In einer schwedischen Untersuchung (Arnetz et al., 1987) wurde sogar eine 5,7-fach erhöhte Suizidrate ermittelt. Ähnliches gilt für die Suchtgefährdung, wie folgendes Bonmot verdeutlicht: „Ein Alkoholiker ist jemand, der mehr trinkt als sein Arzt" (zitiert nach Fengler, 1995). Bei schottischen Ärzten wurde eine im Vergleich zur Kontrollgruppe um das 2,7-fach erhöhte Alkoholismusrate festgestellt (Murray, 1977). Nach einer Veröffentlichung von Modlin und Montes (1964) sind US-amerikanische Ärzte schätzungsweise 30 bis 100mal häufiger von Drogenabhängigkeit betroffen als der Bevölkerungsdurchschnitt.

Reimer (1994) thematisiert die häufig schlechte Qualität der Partnerschaften von Ärzten, die unter anderem in überdurchschnittlichen Trennungs- und Scheidungsraten zum Ausdruck kommt. Myers (1988) hebt die von Ärzten praktizierte „Aufschiebestrategie" als wichtigen Belastungsfaktor für Arztehen hervor: Die Belange der Partnerschaft werden ständig mit dem Hinweis auf die drängenden beruflichen Verpflichtungen auf einen unbestimmten Zeitpunkt verschoben. Chronische Arbeitsüberlastung und Zeitmangel schränken den Freiraum für Partnerschaft und private Beziehungen ein. Ärzte/-innen, so Reimer, erwarten häufig von ihren Partnerinnen/Partnern, daß sie für das hohe Arbeitspensum Verständnis zeigen und die Einschränkungen, die dieses nach sich zieht, mittragen. Zur Illustration eine kurzes Zitat aus einer Paartherapie mit einem Arzt und dessen Frau: „Nachdem sie sich zunächst über den anhaltenden Zeitmangel und die Vernachlässigung durch ihren Mann bitter beklagt hatte, sagte dieser wörtlich: ‚Ich werde gebraucht, und das hat mit dem, was ich für Dich empfinde, nichts zu tun!' Die Frau antwortete daraufhin eher resigniert: ‚Du kannst nicht geben!'" (Reimer, 1994, S. 75).

Insgesamt zeichnen die Untersuchungsergebnisse ein düsteres Bild, speziell für psychiatrische Fachärzte. Problematisch erscheint in besonderer Weise die Situation von Ärzt*innen*. Die Autoren bringen dies mit der häufigen Doppelbelastung von Frauen durch Beruf und Familie in Zusammenhang. Jurkat und Reimer verweisen auf den Kontrast zwischen dem idealisierten Bild, das ÄrztInnen in der Öffentlichkeit (ÄrztInnen als HeldInnen beliebter Fernsehserien) genießen – möglicherweise ist dieses Idealbild auch Teil ihres Selbstbildes – und der Realität: Die Lebensqualität von ÄrztInnen ist stark beeinträchtigt, und ÄrztInnen leiden nicht seltener, sondern häufiger an psychischen Störungen als vergleichbare andere Bevölkerungsgruppen. Erschwerend kommt nach Jurkat und Reimer (1995, S. 103) hinzu, daß ÄrztInnen offenbar problematische KlientInnen sind. Sie neigen zu Selbstdiagnosen, suchen, wenn überhaupt, spät Hilfe für ihre Probleme, brechen Therapien vergleichsweise häufig ab und zeigen geringe Kooperationsbereitschaft.

Als wichtiger Schritt kann daher die Thematisierung dieses Problems unter ÄrztInnen selbst betrachtet werden. So wird in der „Münchner Medizinischen Wochenschrift" im Rahmen von Behandlungsleitlinien für Burnout-PatientInnen eindringlich auf eine mögliche Eigenproblematik der BehandlerIn hingewiesen: „In einer besonders tragischen Situation befinden sich aber auch die Behandler von Burnout-Patienten, die in bezug auf ihre eigene Person meist keine entsprechende Psychohygiene betreiben und ein sich bei ihnen entwickelndes Burnout-Syndrom nicht erkennen. Therapeutische Hilfe können und wollen sie sich nicht zugestehen, da sie ja selbst Experten auf diesem Gebiet sind" (Klieser & Bruck, 1995, S. 45).

Antons (1987) hat sich auf der Basis von Interviews mit den Partnerschaftsproblemen von Angehörigen psychosozialer Berufe auseinandergesetzt. Er kommt zu dem Ergebnis, daß die sogenannten „humanitären Berufe" tatsächlich ein hohes Maß an Inhumanität aufweisen. Das häufige Scheitern der Partnerschaftsbeziehungen von professionellen HelferInnen bringt er mit verschiedenen „Fallen" in Verbindung, welche die Ausübung eines helfenden Berufes für die Partnerschaft der betreffenden Personen bereithält und die in vielen Fällen zu einer „déformation professionelle" oder auch zu Burnout führen. Zentral sei dabei das Problem, daß Menschen, die beruflich ständig mit Beziehungsarbeit befaßt sind, eventuell zu wenig Energie erübrigen könnten, um ihren privaten Beziehungen die notwendige Aufmerksamkeit zu widmen. Besonders verhängnisvoll wirke sich das auf die Partnerschaften von professionellen HelferInnen aus:

• Der auch für professionelle HelferInnen immer enger werdende Arbeitsmarkt veranlaßt eine Höherbewertung der Berufsausübung und der beruflichen Mobilität zu Lasten der Möglichkeit, einen Ort auf längere Sicht als Heimat zu wählen. Häufige Umzüge stellen kritische Lebensereignisse dar (Kleiber, 1986). Labilisierung und Entwurzelung sind mögliche Folgen.

- Hauptberufliches Helfen wird zum Risiko, wenn bei hoher Beanspruchung kein ausreichendes Gegengewicht an Regeneration und Erholung gefunden werden kann. Leicht wird dann die Partnerbeziehung oder die Familie als ausschließlicher Erholungsraum beansprucht. Für Anforderungen und Schwierigkeiten im Privatbereich bleibt nicht genügend Energie.

- Die Normen der helfenden Beziehung werden leicht ins Privatleben und in die Partnerschaft übernommen. Während helfende Beziehungen in der Regel befristet und nicht komplementär sind, gilt dies für Partnerschaften nicht. Eine Übertragung von Verhaltensweisen, die im Rahmen helfender Beziehungen vielleicht sinnvoll sein mögen, in die Partnerschaft stellt für alle Beteiligten eine Überforderung dar.

- Arbeitsüberlastung kann leicht zu einem Leben aus zweiter Hand führen: Die helfende Person wird zum Voyeur fremder Erfahrungen statt zum Akteur im eigenen Leben.

Die Befunde weisen darauf hin, daß professionelle HelferInnen aufgrund der Struktur ihrer Tätigkeit in ihrer eigenen Lebensqualität vielfältig gefährdet und für Burnout prädisponiert sind. Lebensqualität ebenso wie deren Wahrnehmung und Bewertung sind allerdings nicht losgelöst von gesellschaftlichen Bedingungen zu betrachten. Sie werden in vielfältiger Weise von politischen, sozialen, ökonomischen und ökologischen Faktoren beeinflußt. Das ist sicherlich keine neue Erkenntnis, aber eine, die für das Leben in einer durch vielfältige Risiken belasteten Gesellschaft nach wie vor von besonderer Brisanz ist (z.B. Verres, 1997).

Insofern werden wir beim nun folgenden Überblick über verschiedene Burnout-Konzeptionen und die sich daraus ergebenden Präventions- und Abhilfemöglichkeiten zuerst die gesellschaftliche Ebene in den Blick nehmen und danach Bedingungen und Auswirkungen von Burnout aus arbeits- bzw. organisationsbezogener und zuletzt aus individuumzentrierter Perspektive thematisieren.

Helfen in der Risikogesellschaft

Beck (1986) charakterisiert unsere gegenwärtige Gesellschaft in Abgrenzung zur traditionellen Klassengesellschaft als „Risikogesellschaft". Alle, gleichgültig welchen Geschlechts, welcher Nationalität oder welcher Schichtzugehörigkeit, sitzen unterschiedslos auf einem Vulkan globaler zivilisatorischer Risiken. Zum Beispiel: zunehmende Belastung, Verunreinigung, Vergiftung von Wasser, Luft und Boden als „Nebenwirkungen" industrieller Entwicklung. „Not ist hierarchisch, Smog ist demokratisch" (a.a.O., S. 48). Zu den Merkmalen dieser „Risiken und Nebenwirkungen" gehört unter anderem, daß sie schlecht erkennbar, oft nur unscharf definierbar und zum Teil mit den menschlichen Wahrnehmungsorganen nicht wahrnehmbar sind (z.B. radioaktive Belastung). Die Trennung von Ursachen und Wirkungen ist weitgehend aufgehoben, was – juristisch nicht uninteressant – zur Folge hat, daß Wirkungen schwerlich auf umschriebene Einzelursachen oder -verursacher zurückführbar sind. Minimale Einflüsse können sich als enorm einflußreich erweisen, und „Interventionen" aller Art sind in ihren Auswirkungen nur sehr begrenzt vorhersehbar und vorausplanbar (Schiepek & Strunk, 1994).

Beispiele dafür, wie verhängsnisvoll sich einzelne Eingriffe in komplexen Systemen auswirken können, beschreibt Dörner (z.B. 1989). Er und sein Team haben Versuchspersonen in computersimulierten Szenarien die Gelegenheit gegeben, die Geschicke von Ländern, Kleinstädten, Industrieanlagen oder Gesundheitssystemen zu lenken und sie hierzu mit weitreichenden Entscheidungsbefugnissen ausgestattet. Bekannt geworden sind unter anderem die Simulationen des afrikanischen „Tanalandes" oder der deutschen Kleinstadt „Lohhausen". Dabei konnte beobachtet werden, wie gutgemeinte Veränderungen von Einzelaspekten zu hochproblematischen Folgen führten, etwa die Verbesserung der medizinischen Versorgung über ein Anwachsen der Bevölkerung nicht mehr kontrollierbare Hungersnöte auslöste.

Risiken sind jeweils abhängig von einer Verständigung darüber, was Risiken sein sollen, für wen und ab wann. Risikodefinitionen beruhen – unter anderem aufgrund der Tatsache, daß sie auf zukünftige Manifestationen verweisen – kaum auf objektivierbaren und nach absoluten Maßstäben orientierbaren Sachverhalten, sondern sind wissenschaftlichen und wirtschaftlichen Interessen unterworfen, abhängig von jeweiligen Wissensbeständen, politischen wie kommerziellen Absichten und subjektiven Betroffenheiten. Als Beispiel mag die – in Zeiten dauerhaft hoher Arbeitslosigkeit zugegebenermaßen wenig aktuelle – Diskussion um Schadstoff-Grenzwerte dienen. Es ist ein Unterschied, ob die Marketingabteilung eines Chemiekonzerns, die stolz die Unterschreitung amtlich festgelegter Emissions-Grenzwerte an die Presse weitergibt, oder ob die Eltern eines an Pseudokrupp erkrankten Kindes bei gleichen Meßwerten den aktuellen Zustand der Luft als gefährdend oder harmlos bewerten. Wenn als normativer Gegenentwurf zur Klassengesellschaft das Ideal der Gleichheit gelten sollte, so geht es in der Risikogesellschaft um die Gleichheit bedrohter Sicherheiten, wobei auch diese so gleich nicht ist. Risikofolgen lassen sich abhängig von verfügbaren Privilegien in unterschiedlichem Maße abfedern. Es ist die Angst, die nach Beck zur treibenden Kraft in der Risikogesellschaft avanciert. Unklar bleibt, welche Entwicklungen diese Angst nach sich zieht, welche Motivationen, Handlungsenergien, Solidaritäten daraus entstehen bis hin zu der Frage, ob sie die Menschen in Irrationalismus, Fanatismus und Extremismus treibt.

Als weitere Risiken der gegenwärtigen Gesellschaftsformen unserer späten (oder zweiten) Moderne[3] nennt Beck die Auflösung traditioneller Schablonen des sozialen Lebens, die Freisetzung des Individuums aus gewohnten und Sicherheit vermittelnden Modellen des Zusammenlebens (z.B. zwischen den Geschlechtern und Generationen), aber auch aus der Arbeitswelt. Dies

---

[3] Das Konzept der Postmoderne ist nicht als Gegenteil, sondern eher als Verschärfung der Moderne zu verstehen. Nach Welsch (1993) meint „postmodern" eine Grundverfassung radikaler Pluralität. Welsch grenzt eine ernsthafte Auseinandersetzung mit der Wirklichkeitsvielfalt verschiedener Lebenswelten und Sinnentwürfe gegen einen Potpourri der Beliebigkeit, gegen ein „anything goes" ab (S. 1-8).

beinhaltet gleichermaßen Chancen (z.B. das Experimentieren mit neuen Lebensstilen) wie Gefahren (z.B. Destabilisierung von Beziehungsstrukturen bei unvorhergesehenen Zusatzbelastungen) und Krisen (z.B. des Selbstwerts und der Identität). Zu der Chance, sich freigesetzt aus der Enge traditioneller Bindungen für ein eigenes Leben entscheiden zu können, tritt der Druck der Notwendigkeit, dies auch zu müssen. Es gibt keine „Normalbiographien" mehr, die – selbst in gezielter Abweichung davon – Orientierung bieten, Maßstäbe setzen könnten.

Wenn nicht „Normalbiographien", sondern „Wahlbiographien" zur statistischen Norm werden, geraten auch Konzepte einer „normalen", „gesunden" Identitätsentwicklung (z.B. Erikson, 1973) ins Schleudern. Das betrifft einerseits die Festlegung von Entwicklungsaufgaben in ihrer zeitlichen Abfolge und ihrer Polarisierung in eine Entwicklungs- und eine Stagnationsvariante. Beispiel: Für das frühe Erwachsenenalter sah Erikson „Intimität" als Entwicklungsziel vor. Kann sie nicht erreicht werden, sei die Entwicklung blockiert („Isolierung"). In der Risikogesellschaft lernen wir nun damit umzugehen, daß es nicht *die* gesunde Entwicklung gibt, daß neue Entwicklungsaufgaben vielleicht in der Bewältigung eines Nebeneinanders von „Intimität" und „Isolierung" bestehen, aber auch das wiederum nicht für jeden und nicht für immer. Eindrucksvolle Einblicke in plurale, individuell gestaltete Identitätsentwürfe vermittelt ein von Beck et al. (1995) herausgegebener Bildband mit dem Titel *Eigenes Leben*, in dem unterschiedlichste Lebensstile in Bild und Sprache nebeneinander gestellt werden.

Pluralität, Diversifikation und Dynamik betreffen auch und gerade weibliche Lebensplankonstruktionen. Geissler und

Oechsle (1994) haben nach den Lebensentwürfen von 77 Frauen im Alter von 20 bis 30 Jahren einschließlich der darin enthaltenen Antinomien gefragt. (Die Untersuchungsteilnehmerinnen waren zum Zeitpunkt der Befragung erwerbstätig oder in Umschulung begriffen. In der Stichprobe befand sich keine Hochschul- oder Fachhochschulabsolventin. Keine der Frauen hatte zum Zeitpunkt der Befragung Kinder. Die Untersuchung stammt aus dem Jahr 1989 und bezieht sich daher noch auf die alten Bundesländer.)

Ein Hauptproblem für die befragten Frauen bestand in der (antizipierten) Abstimmung zwischen beruflicher und familiärer Lebensplanung. Dabei bewerteten die meisten Frauen es als positiv, daß die traditionelle familienzentrierte Frauenrolle, die einen Verzicht auf eigene Erwerbstätigkeit impliziert, keine allgemeine Anerkennung mehr findet. Andererseits wurde auch deutlich, daß es keine allgemeinverbindlichen Vorbilder dafür gibt, wie die konkrete Ausgestaltung der Verbindung von „Erwerbsautonomie und Präsenz in der Familie" aussehen kann (Wo liegen die Prioritäten? Welche Unterstützungssysteme stehen mit welcher Zuverlässigkeit für die Versorgung von Kindern zur Verfügung?). Kein Rückgriff auf vorgezeichnete Biographiemodelle nimmt der einzelnen Frau die Entscheidung, Rechtfertigung und Übernahme der mit ihrer Wahl verbundenen Risiken ab. Es liegt nahe, daß dieser Wandel in der Frauenrolle in erster Linie von Frauen, die sich gern ausschließlich an Haushalt und Familie orientieren würden, als Verlust betrachtet wird. Der Rückgriff auf Traditionen ist zwar möglich, aber bedarf – anders als früher – der Legitimierung, einer expliziten Wahl. Das gilt insbesondere für das Scheitern eines solchen Lebensentwurfs: Es nimmt die Form eines (vorhersehbaren) Risikos an. Die Notwendigkeit persönlicher Entscheidungen im Bereich der Lebensführung beinhaltet auch die Übernahme der Verantwortung für mögliches Scheitern als persönliches Risiko (Beck, 1995, S. 9-15).

In einer hochdifferenzierten Gesellschaft bedeutet „eigenes Leben" je nach Kontext und Bezugsgruppe etwas Anderes, möglicherweise sogar Widersprüchliches. Das „eigene Leben" ist einerseits abhängig von den jeweiligen Regeln gesellschaftlicher Kontexte (Gemeinden, Cliquen, Institutionen) und gleichzeitig unentrinnbar global vernetzt. Die meisten wissen z.B., daß Entwicklungspolitik im eigenen Haushalt anfängt oder daß es auch auf unser persönliches ökologisches Verhalten ankommt, wenn es um das Weltklima geht. Es könnte also auf persönliche Entscheidungen ankommen. Andererseits ist das eigene Leben von vielen Bezügen abgeschnitten, ohne erkennbare Entscheidungsspielräume und enttraditionalisiert. Das bedeutet nicht, daß es beispielsweise keine Traditionen mehr gäbe, aber daß sie nicht selbstverständlich übernommen werden können, einer eigenen Begründung bedürfen oder erst selbst geschaffen werden müssen. Typischer Satz eines Freundes, der in einer kirchlichen Bildungseinrichtung tätig ist: „Alles, was bei uns zum zweiten Mal passiert, gilt schon als Tradition." Das eigene Leben kann auch nicht im Voraus als Gesamtentwurf geplant werden. Und wenn es geplant wird, so ist die Umsetzung vielfachen, nicht antizipierbaren Einflüssen unterworfen. „Bastelexistenz" haben Hitzler und Honer (1994) das Sammelsurium notwendig gewordener Aktivitäten für die Konstituierung des eigenen Lebens genannt.

Diese Umbrüche und Suchbewegungen finden bei allgemein erhöhtem materiellen Lebensstandard vor dem Hintergrund eines engen Arbeitsmarktes statt, der dem Experimentieren mit neuen Lebens- und Erwerbsformen die Grenze der materiellen Existenzsicherung setzt. Um auf dem Arbeitsmarkt mithalten zu können, ist vor allem Flexibilität und Mobilität (räumliche, soziale und virtuell-elektronische) gefragt. Das wiederum macht die gemeinsame Planung einer Existenz, sei es als Paar, als Familie oder als Wohngemeinschaft zu einem schwierigen Unterfangen, es sei denn, eine/r verzichtet auf eine eigenständige Berufsplanung zugunsten des Partners oder der Partnerin und zulasten der eigenen Sicherheit und des eigenen Selbstbewußtseins. „Es entstehen der Tendenz nach individualisierte Existenzformen und Existenzlagen, die die Menschen dazu zwingen, sich selbst – um des eigenen materiellen Überlebens willen – zum Zentrum ihrer eigenen Lebensplanungen und Lebensführung zu machen" (Beck, 1986, S. 116f.) – ein Vorgang, der kaum mit gelungener Emanzipation gleichzusetzen sein dürfte.

Diese mehrfache Risikolage macht den Umgang mit Angst und Unsicherheit biographisch und politisch zu einer zivilisatorischen Schlüsselqualifikation. Keupp (1994a,b) sieht in der Tendenz, verstärkt nach geschlossenen Sinnwelten und Deutungssystemen zu suchen (z.B. New-Age-Bewegung, politischer und religiöser Fundamentalismus) „regressive Antworten" auf die Unfähigkeit, mit den in der Risikogesellschaft mobilisierten Ängsten und Unsicherheiten umzugehen. Für professionelle HelferInnen könnte daraus die Versuchung erwachsen, als SinnproduzentInnen auftreten zu wollen. Keupp betont diesbezüglich jedoch, daß es nicht Aufgabe psychosozial Tätiger sein könne, existenziell verunsicherten Menschen einen weiteren – diesmal therapeutischen – Deutungsrahmen für ihr Leben und die Welt anzubieten, sondern sie dazu zu befähigen, mit ihren eigenen Ressour-

cen zu arbeiten und für die eigenen Bedürfnisse und Ziele einzu-
stehen, was auch die Suche nach Möglichkeiten politischer
Durchsetzbarkeit einschließt (vgl. das Konzept des „Empowerment", Rappaport, 1985). Als zentral bewertet er dabei die sozialen Ressourcen, also die Möglichkeit, den Alltag mit Hilfe anderer Menschen zu gestalten und speziell in Notlagen auf Unterstützung durch andere zurückgreifen zu können (z.B. FreundInnen, Verwandtschaft, NachbarInnen, Selbsthilfegruppen, berufliche und kollegiale Solidarität). An der Verfügbarkeit von Kompetenzen zur Bewältigung oder besser: zur Gestaltung von Ambivalenzen und Ambiguitäten (vgl. Gelatt, 1989; Mecheril & Bales,
1994) entscheidet sich, ob die Notwendigkeit einer selbstverant-
worteten Lebensgestaltung in der Risikogesellschaft (nur) als Gefahr oder (auch) als Chance begriffen wird. Den sich darin eröff-
nenden Zwiespalt zwischen Aufbruchsstimmung und Verlustge-
fühl bringt Keupp (1994b) auf die knappe Formel: „Riskante
Chancen".

Daraus ergeben sich insbesondere für Politik, Pädagogik und
Psychotherapie weitreichende Anforderungen, möglicherweise
auch Überforderungen. Einerseits ist die professionelle HelferIn
mit KlientInnen konfrontiert, deren Lebensgeschichten und Probleme die Spuren der Risikogesellschaft tragen. Andererseits ist
sie auch Teil dieser Risikogesellschaft, ihrerseits von den verschiedenen Modernisierungsrisiken und den damit einhergehenden Verunsicherungen angefochten. Diese erhalten dadurch ihre
besondere psychologische Brisanz, „daß gesellschaftliche Krisen als individuelle erscheinen und in ihrer Gesellschaftlichkeit
nur noch sehr bedingt wahrgenommen werden können" (Beck,
1986, S. 118). Psychotherapie kann und sollte vor diesem Hintergrund sicherlich nicht als Zaubermittel gegen die tiefgreifen-

den Verunsicherungen und existenziellen Krisen der Postmoderne verstanden werden: „Auch die therapeutische Versorgung ist ein Kind ihrer Zeit und kann daher nichts Fundamentales ändern: Sie kann aber vielleicht dazu beitragen, daß die multistabilen Muster postmoderner Beziehungs- und Lebenswelten nicht (nur) in Richtung Verlust und Bruch gekippt, desambiguiert, sondern auch als Chancen und Befreiungen interpretiert werden. Und sie kann zusammen mit Politik, Sozialarbeit und Pädagogik dazu beitragen, die Folgen dieser Entwicklung abzufedern" (Schiepek, 1993, S. 23). Über die ständige Konfrontation mit der eigenen Vulnerabilität und über das Bewußtsein, mit der eigenen Arbeit häufig auf individueller Ebene Probleme lösen zu müssen (oder eben nicht lösen zu können), die nicht unwesentlich Folgen oder individuelle Zuspitzungen kollektiver Risiken sind, leistet die „Risikogesellschaft" ihren Beitrag zur Entwicklung, aber auch zum Verständnis von Burnout bei psychosozialen PraktikerInnen.

Burnout als Entfremdung

Für Karger (1981) ist Burnout ein Symptom entfremdeter und entfremdender Arbeit. Marx erkennt die Auswirkungen entfremdender Arbeitsbedingungen auf den Arbeitnehmer darin, „daß er sich [...] in seiner Arbeit nicht bejaht, sondern verneint, nicht wohl, sondern unglücklich fühlt, keine freie physische und geistige Energie entwickelt, sondern seine Physis abkasteit und seinen Geist ruiniert. Der Arbeiter fühlt sich daher erst außer der Arbeit bei sich und in der Arbeit außer sich" (Marx, 1971, S. 564). Dieser Zustand kommt durchaus in die Nähe einiger der oben vorgestellten Definitionen von Burnout, insbesondere der von Emener et al. (1982). Entfremdung ist nicht nur im Bereich der Industriearbeit, sondern auch in der Beziehungsarbeit möglich. Helfende Beziehungen werden unter dem Druck von Kosten-Nutzen-Rechnungen, Erhaltung der Belegzahlen von Behandlungsplätzen etc. zur Ware degradiert, vergegenständlicht. Eine solche Tendenz kann zusätzlich durch quantitative Leistungskontrollen forciert werden, besonders wenn diese als Grundlage der Verdienstbemessung dienen.

Verschärft erscheinen die Bedingungen für Entfremdungserfahrungen durch die Folgen des Psychotherapeutengesetzes gegeben, welches angesichts der radikalen Einschränkung zulässiger, d.h. als „wissenschaftlich" etikettierter Ansätze für PsychotherapeutInnen zu einer Einschränkung der Berufsfreiheit, der Identifikationsmöglichkeiten mit der Arbeit und damit des persönlichen Engagements und der Kreativitätspotentiale führt. Es werden nicht selten Ausbildungen gewählt, die persönliche Absicherung in Form von Approbation, Kassenzulassung und Niederlassungsmöglichkeiten versprechen, nicht idealerweise solche, für die das Herz schlägt und hohe intrinsische Motivation vorliegt. Fatale Voraussetzungen für Beziehungsarbeit.

Nach Marx wird der Arbeiter zu einem Produktionsmittel herabgewürdigt, was zur Folge hat, daß er sich von sich selbst entfremdet. Für professionelles Helfen läßt sich dies insbesondere in großen Wohlfahrtsbürokratien beobachten: Die lebendige Beziehung zwischen HelferIn und KlientIn wird bürokratischen Abläufen untergeordnet. Sowohl KlientIn als auch HelferIn fühlen sich in diesen Sachzwängen klein und unbedeutend. Als Folge solcher Arbeitsbedingungen entfremdet sich die BeziehungsarbeiterIn von ihrem Gegenüber und vergegenständlicht es ebenso, wie die Helfer-Klient-Beziehung ihrerseits vergegenständlicht wird: „Der Ursprung von Burnout ist vielleicht die Starre der Wahrnehmung des Arbeiters und seine Unfähigkeit, die Arbeitsplatzwirklichkeit zu verleugnen" (Karger, 1981, S. 280). Karger kritisiert, daß in den vorliegenden Burnout-Konzeptionen nicht die dehumanisierenden Strukturen untersucht werden, sondern die Burnout-Geschädigten: „Die Untersuchung von Burnout beginnt, wenigstens in den vergangenen Untersuchungen, nicht mit der Dehumanisierung des Arbeiters durch die Bürokratie, sondern mit den subjektiven Reaktionen des Arbeiters auf dieses Phänomen" (1981, S. 272). Damit werde der einzelnen BeziehungsarbeiterIn die Verantwortung für Burnout zugeschoben.

Ob die Übertragung der industriellen Arbeitswirklichkeit auf helfende Berufe tatsächlich angebracht ist, kann sicher hinterfragt werden. Mit gleichem Recht könnte man das Phänomen „Entfremdung" als emotionale Qualität betrachten, das die KlientInnen aus ihren Lebenszusammenhängen in die Therapie oder Beratung „hineintragen" bzw. dort spürbar werden lassen. „Die HelferInnen sollen die sozialen Folgen der Modernisierungsschübe abfedern, gesellschaftliche Widersprüche quasi durch ihre Person hindurch überbrücken" (Wagner, 1993, S. 72). Der Versuch, Entfremdungserscheinungen zwischen KlientInnen und Gesellschaft durch Beziehungsarbeit aufzufangen, ist wohl eine Überforderung von Helfern wie von helfenden Beziehungen. Zudem wäre das wiederum ein Beitrag zur Individualisierung gesellschaftlicher Probleme (vgl. Beck, 1986).

Trotz der Betagtheit des Entfremdungskonzepts scheint es gerade im Kontext der Folgen des Psychotherapeutengesetzes auf geradezu makabre Weise aktuell.

Der psychosoziale Professionalisierungsboom

Keupp (1986) diagnostiziert eine Krise helfender Berufe vor dem Hintergrund des Professionalisierungsbooms auf dem Psychomarkt.

So hat sich von 1961 bis 1986 die Anzahl ausgebildeter PsychologInnen erheblich vergrößert: Gab es 1961 rund 2400 PsychologInnen, so wird 1986 eine Zahl von 17000 geschätzt (S. 107). 1991 hatte der Arbeitsmarkt schon 31000 PsychologInnen zur Verfügung. Diese Zahl wird in den „Arbeitsmarktinformationen" 2/1993 (S.4) der Zentralstelle für Arbeitsvermittlung der Bundesanstalt für Arbeit genannt. Allerdings ist die so skizzierte Entwicklung nicht kontinuierlich verlaufen, wie anhand der Arbeitslosenstatistik für PsychologInnen gezeigt werden kann: 1980 gab es rund 1200 arbeitslos gemeldete PsychologInnen, 1988 waren es rund 4100. Danach verbesserte sich die Lage etwas: 1992 waren rund 2900 PsychologInnen arbeitslos gemeldet. Das Diplom (bzw. einen vergleichbaren Abschluß) in Psychologie erhielten im Jahr 1983 1530 Personen, im Jahr 1987 erstmals über 2000, eine Größenordnung, die bis 1992 – bezogen auf die alten Bundesländer – in etwa konstant blieb. Ab 1993 liegen Daten für die alten und die neuen Bundesländer zusammen vor; in diesem Jahr gab es 2292 AbsolventInnen, im Jahr 1998 2525. Der Frauenanteil an den jungen DiplompsychologInnen nahm zu: waren von den 1530 AbsolventInnen des Jahres 1983 660 Männer und 870 Frauen (auf einen Mann kamen statistisch gesehen 1,32 Frauen), so setzten sich die 2525 AbsolventInnen des Jahres 1998 aus 768 Männern und 1757 Frauen zusammen (1:2,29). Bei den Promotionen sieht dieses Verhältnis übrigens anders aus: Die 134 psychologischen Promotionen des Jahres 1983 verteilten sich auf 89 Männer und 45 Frauen, die 217 Promotionen des Jahres 1998 dagegen waren bezüglich des Geschlechterverhältnisses gleich verteilt (109 Männer und 108 Frauen). Die Anzahl der eingeschriebenen PsychologiestudentInnen (Studierende nach dem ersten eingeschriebenen Studienfach) stieg vom Jahr 1972 (SS 1972: 10714 Personen, WS 1972/73: 11510 Personen) bis zum Jahr 1992 (letzte Daten bezüglich der alten Bundesländer: WS 1991/92: 25135, SS 1992: 24093 Personen) und bis heute (WS 1998/99: 33136, alte und neue Bundesländer) (Daten des statistischen Bundesamtes, pers. Mitteilung; Daten auf Anfrage im Januar 2000; spezifische Arbeitslosenzahlen für PsychologInnen bzw. psychologische oder ärztliche PsychotherapeutInnen waren weder von der Bundesanstalt für Arbeit noch vom Statistischen Bundesamt noch vom BDP erhältlich).

Keupp unterlegt seiner Analyse fünf einander überlappende Deutungsmuster des Verhältnisses von sozialen Anforderungen, psychischen Problemen und psychsozialen Professionalisierungsmodellen (1986, S. 107ff.):

- *Brutstättenmodell*: In der Risikogesellschaft existiere ein Nährboden für die Entwicklung psychischen Leidens. Allerdings, so wendet Keupp selbst ein, bleibt hier die Frage offen, wieso nicht alle, sondern nur manche Individuen auf verunsichernde Lebensbedingungen mit psychischen Auffälligkeiten reagieren.

- *Das Modell veränderter Konsumentenbedürfnisse*: Da es vielen Menschen nicht mehr möglich erscheint, komplexe Anforderungen – wie den Umgang mit Krisen – ohne Hilfestellungen zu bewältigen, steigt die Nachfrage nach psychosozialen Angeboten aller Art. Daneben nimmt auch die Versuchung zu, diese Bedürfnislagen marktwirksam auszuschlachten, oder sie gar bewußt unbefriedigt zu lassen, um den Markt zu erhalten.

- *Modell 1984 auf psychologisch*: Innerhalb dieses „Orwell"-Modells wird professionellen HelferInnen die Aufgabe zugeschrieben, „Normalisierungskontrolleure" zu spielen. Sie sollen ein reibungsloses Funktionieren und die Anpassung an veränderte gesellschaftliche Anforderungen gewährleisten.

- *Das Modell der Machtergreifung der Experten*: Unter diesem Modell werden Probleme diskutiert, die durch psychosoziale Unterstützung nicht behoben, sondern erst produziert werden (iatrogene Folgeprobleme), indem Abhängigkeiten der Hilfesuchenden von den Experten statt Selbsthilfe gefördert werden. Entsprechend demonstrativ setzen sich manche Selbsthilfegruppen von Professionellen ab.

- *Das Modell „Hebammen der kulturellen Transformation"*: Dieses Modell ist sicherlich unter den vorgestellten das optimistischste, aber auch dasjenige, welches am ehesten in der Gefahr von Selbstüberschätzung und -überforderung steht. Es sieht PsychotherapeutInnen und andere psychosoziale Berufsgruppen konstruktiv an der Bewältigung des allgemeinen Wertewandels beteiligt. Die Verunsicherung der Postmoderne wird als Chance begriffen, neue, eigene Werte zu schaffen. Der Beitrag psychosozialer Berufe besteht in der Unterstützung der Individuen bei deren Arbeit an einer ethischen und ästhetischen Lebensgestaltung. Dabei ist zu berücksichtigen, daß dieser Gestaltungsprozeß bevorzugt unter Bedingungen relativer materieller Absicherung gelingt, wie gemäß der

Bedürfnishierarchie von Maslow (1981) zu erwarten. Maslow geht davon aus, daß Bedürfnisse nach Selbstverwirklichung erst auf der Basis erfüllter physiologischer und sozialer Bedürfnisse sowie ausreichender Befriedigung der Wünsche nach Sicherheit und Anerkennung entstehen und bearbeitet werden können. Auch werden sich bevorzugt diejenigen, die über Beziehungsfähigkeit und ausreichend materielle Ressourcen verfügen, soziale Netzwerke und Ressourcen schaffen, nicht dagegen Menschen, die in sozialökonomischer Hinsicht unterprivilegiert sind.

Hatte ein objektiv und subjektiv gestiegener Bedarf nach psychosozialer Unterstützung Hoffnungen auf ein weiter expandierendes Betätigungsfeld geweckt, so wurde spätestens mit Beginn der neokonservativen Wende deutlich, daß kein weiteres Wachstum, sondern vielmehr eine Rückentwicklung zu erwarten ist. Welche Spaltungs-, Schrumpfungs- und Diversifizierungswellen die Folgen des Psychotherapeutengesetzes und seiner Anerkennungspraxis mit sich bringen werden, bleibt abzuwarten (z.B. Trends weg von „Psychotherapie" zugunsten von Supervision, Coaching, Unternehmensberatung, Mediation und anderen Feldern oder zumindest Bezeichnungen). Ursachen für solche Verschiebungen in der Professionsstruktur liegen entsprechend unserer Einschätzung jedenfalls mehr in Rahmen- und Randbedingungen des professionellen Systems als in einem gesunkenen Bedarf. Verschlechtert hat sich nicht zuletzt aufgrund sinkender Verdienstmöglichkeiten und wachsender Konkurrenz die Möglichkeit, Helfen als Broterwerb zu betreiben. Keupp vermutet, daß diese Entwicklung den Blick verstärkt auf die Schattenseiten der helfenden Berufe gelenkt habe. Hierfür sei die breite Diskussion um Burnout symptomatisch.

Neben den enger werdenden und auch strukturell verlagerten Arbeitsmärkten nennt Keupp eine weitere Labilisierungsbedingung für das Selbstverständnis professioneller HelferInnen: Im Vergleich zu anderen Berufssparten, wie etwa hochspezialisierten technischen Berufen, verfügen PsychotherapeutInnen und andere PraktikerInnen im sog. Non-Profit-Bereich über Kenntnisse und Fähigkeiten wie „Zuhören", „Unterstützung Geben" und „Orientierung Anbieten", die – zumindest in Ansätzen – jeder Mensch zur Verfügung hat und daher nicht speziell dazu geeignet sind, eine eigene positive berufliche Identität zu gewährleisten.

Rommelspacher (1986) weist darauf hin, daß sich das Problem einer spezifischen und positiven Fachidentität für Frauen in besonderem Maße stellen könnte. Da ihnen im Privatbereich häufig Beziehungsaufgaben „zufallen", bedarf es einiger Anstrengung, zwischen beruflichem und privatem Helfen zu unterscheiden und beide Bereiche voneinander abzugrenzen. Das kann zu einer Dauerambivalenz führen: Professionelles Handeln wird durch den ständigen Vergleich mit dem (höheren) Einsatz im Rahmen einer Privatbeziehung entwertet. Motto: „Ich bin methodisch fit, gehe aber trotzdem spontan auf meine Klienten ein", ganz so, als wäre eine Entschuldigung angesichts der eigenen Kompetenz vonnöten. Auf einem enger werdenden Arbeitsmarkt sind es angesichts fragiler kompetenzbezogener Identitäten oft zuerst die Frauen, die sich – quasi als flexible Reservearmee – zunächst in die mittleren und unteren Ebenen oder sogar in die Ehrenamtlichkeit abdrängen lassen.

Ein „Gegengift" gegen die Aushöhlung der beruflichen Identität könnten die Berufsverbände bieten. Leider, so Keupp, sind auch diese vom dauerhaften Krisenpanorama der helfenden Berufe

erfaßt. „Sie reproduzieren auf verbandlicher Ebene die defensiv-
ratlose Position, die für viele Helfer charakteristisch ist" (Keupp, 1986, S. 122). Dementsprechend fordert Keupp eine neue
politische Kultur der helfenden Berufe, deren Konturen sich in
Zukunft völlig neu formen werden. Neben klassischen Unterschieden (z.B. Gender-Unterschieden) kommt es verschärft darauf an, bei den „richtigen" Berufsverbänden und den „richtigen"
Therapieschulen Mitglied zu sein.

Belastungen und Selbstwertkrisen in der Arbeit mit Klienten

Im Mittelpunkt einer von Maslach und Jackson (1984) vorge-
schlagenen Konzeptualisierung von Burnout stehen emotionale
Erschöpfung, Depersonalisation und reduzierte persönliche
Leistungsfähigkeit als Folge einer Arbeit, die einerseits intensive und nahe Beziehungen erfordert, zugleich aber durch strukturelle und bürokratische Bedingungen erschwert wird, für die
keine ausreichenden Gestaltungskompetenzen und Copingstrategien entwickelt oder geeignete Hilfestellungen angeboten
werden. Ob zurecht oder nicht, machen professionellen Helfer-
Innen auch immer wieder die Erfahrung, daß ihnen Probleme
im Therapieprozeß persönlich zugeschrieben werden: sie trü-
gen durch ihre Persönlichkeit und ihre Defizite nicht nur wenig
zur Verbesserung der Lage bei, sondern verschlimmerten diese
möglicherweise sogar noch.

Es kann befreiend wirken, wenn Maslach darauf hinweist, daß
nicht die professionellen HelferInnen „schlecht" seien, sondern
wahrscheinlich eher ihre Arbeitsbedingungen, auch wenn sie

sich ihr Ausbrennen als charakterbedingten Mangel selbst zur Last legen. Streß und Krisen werden als Makel empfunden, den es vor anderen, vor allem vor den ArbeitskollegInnen zu verstecken gilt. „Wie auch immer: Dem Problem mit dem ausgestreckten verurteilenden Zeigefinger auf die charakterlichen Defekte von Teammitgliedern zu begegnen, versäumt es, die Effekte des ernsten emotionalen Streß in Rechnung zu stellen, der mit der Arbeit verbunden ist" (a.a.O., S. 112). Jobwechsel, Umsteigen auf administrative Arbeit oder völliger Berufsausstieg sind häufige Reaktionen.

Als funktionalere Strategie im Umgang mit permanentem Streß schlägt Maslach eine Haltung „distanzierten Engagements" vor, bei der die BehandlerIn sich zwar einerseits um das Wohl der KlientInnen sorgt, aber gleichzeitig eine ausreichende psychische Distanz einhält. Dies bedarf allerdings der gezielten Einübung, zum Beispiel im Rahmen von Supervision, aber auch schon während der Ausbildung. Mit Bezug auf Lief und Fox (1963) nennt Maslach eine solche Haltung „detached concern". Für ihre Entwicklung sei es insbesondere nötig, der Dynamik der helfenden bzw. therapeutischen Beziehungen besondere Aufmerksamkeit zu widmen. „Bei der Reflexion der Beziehungsdynamik zwischen Team und Klient ist es wichtig zu berücksichtigen, daß hier zwei Beteiligte sind, die die Interaktion und die aus ihr entstehenden Gedanken und Gefühle ausformen" (Maslach, 1978, S. 123).

Manche KlientInnen tragen aufgrund der Art und Intensität ihrer Probleme besonders stark zum emotionalen Streß ihrer HelferInnen bei. Allerdings unterscheiden sich HelferInnen sehr darin, durch welche Arten von KlientInnenprobleme sie sich belastet fühlen. In der Konsequenz wäre es günstig, wenn TherapeutInnen entsprechende Wahlmöglichkeiten zur Verfügung hätten, mit welchen KlientInnen sie arbeiten möchten. Institutionen oder Arbeitsfelder, die keine solchen Wahlmöglichkeiten eröffnen, werden leicht als belastend erlebt und provozieren Haltungen der Reaktanz. Der Umstand, daß in vielen Kontexten nicht so sehr die Stärken und Kompetenzen, sondern die Schwierigkeiten und Probleme von Klienten im Zentrum der Aufmerksamkeit stehen, trägt ebenfalls zur Belastung der HelferInnen bei.

In diesem Zusammenhang liegt ein Hinweis auf ressourcenorientierte Therapieformen nahe. Eine ganze Reihe von therapeutischen Richtungen, insbesondere humanistisch und systemisch orientierte Therapieverfahren, nehmen für sich in Anspruch, nicht primär an Defiziten und Pathologien, sondern auch an Stärken und Fähigkeiten, an Ressourcen und Kompetenzen interessiert zu sein (Grawe & Grawe-Gerber, 1999; Petzold, 1997; Schiepek, 1999). In der Lösungsorientierten Therapie (de Shazer, 1992) richtet sich der Fokus von vornherein nicht auf das Problemverhalten, sondern auf Alternativen und Ausnahmen. Der Schlüssel zur Lösung liegt wesentlich bei der KlientIn. Eine Möglichkeit, das Lösungspotential der KlientIn zu aktivieren, bietet zum Beispiel die sogenannte „Wunderfrage", die darin besteht, ein Lebensszenario zu konstruieren, in dem das Problem gelöst sein wird. Das Ziel wird nicht vom jeweiligen Problem aus bestimmt (z.B. das Verschwinden depressiver Zustände), sondern das Ziel strukturiert vielmehr das „Problem" (a.a.O., S. 131f.). Abgesehen von der positiven Auswirkung auf die KlientIn hat die Blickrichtung auf Ressourcen und Kompetenzen auch positive Effekte auf die Arbeitsfähigkeit und das Wohlbefinden der TherapeutIn (Essen, 1990). Die Annahme, ein Problem ließe sich von der TherapeutIn „in den Griff bekommen", wenn sie nur über ein dem Problem gemäßes Interventionsinventar verfüge, entspringt meist den Kontrollphantasien eines technischen Therapismus. Die praktischen Konsequenzen dieser Art von „Trivialisierung" komplexer Probleme bestehen meist in Frustrationen und auf Dauer eben auch in Burnout (vgl. Schiepek, 1991, S. 13f.).

Ein weiterer Belastungsfaktor besteht nicht selten in einem Mangel an sichtbaren Erfolgen, der noch dadurch verstärkt wird, daß gerade KlientInnen, mit denen eine konstruktive Arbeit stattfand, keine weitere Hilfe brauchen, während „erfolglose" KlientInnen, auch als „DrehtürpatientInnen" bekannt, wiederkehren.

Persönliche Betroffenheit vom Problem der KlientIn kann emotionale Belastungen mit sich bringen. Dabei kann es um Probleme gehen, welche die TherapeutIn in der Vergangenheit selbst erlebt, aber noch nicht ausreichend verarbeitet hat, oder um Ereignisse, welche die TherapeutIn für sich selbst antizipiert. Krasses Beispiel: Ein HIV-positiver Therapeut begleitet AIDS-Kranke in der Sterbephase (Beerlage, 1993). Neben der Chance, die eine solche Konstellation vielleicht bietet – die TherapeutIn kann sich eventuell besser in die Lage der KlientIn einfühlen, als es Nichtbetroffenen möglich wäre –, steht die Gefahr einer Überidentifikation mit der KlientIn.

Explizite und implizite Spielregeln, die manchmal weder von der HelferIn noch von der KlientIn für gut befunden, aber dennoch eingehalten werden, können die Arbeit mühsam machen. Beispiel: die Rollenverteilung der schwachen und hilflosen KlientIn gegenüber der freundlichen und fürsorglichen TherapeutIn. „In vielen Fällen sind solche impliziten Regeln so einschränkend, daß sowohl das Personal als auch die Klienten verwirrt und mit der Beziehung unzufrieden sind. Die Klienten fühlen sich erniedrigt und machtlos, während die Teammitglieder sich in ihrer heiligmäßigen Pose künstlich fühlen und darüber klagen, ihre wahren Gefühle zu unterdrücken" (Maslach, 1978, S. 118).

Eine von vielen möglichen Ambiguitäten psychosozialer Berufspraxis tut sich im Umgang mit Feedback durch Klienten auf. Die Bedeutung, die eine HelferIn diesem Feedback beimißt, ist einerseits Zeichen konstruktiver und wertschätzender Kundenorientierung, welche in Zeiten von Qualitätsmanagement und Dienstleistungsorientierung hoch bewertet wird, kann aber andererseits zu emotionalen Turbulenzen beitragen: In dem Maße, in dem positive Rückmeldungen die Selbstwertschätzung der HelferIn aufbauen, erhalten kritische und abwertende Rückmeldungen die „Macht", zu verletzen und das professionelle Selbstwertgefühl zu untergraben. Wo positive Rückmeldungen als wesentliche Motivation für berufliches Handeln erlebt werden, macht man sich leicht von Zustimmung abhängig und gefährdet bei Ablehnung sein Selbstwertgefühl. Insofern ist die Frage nach der Regulation des Selbstwerts ein zentrales Thema von Ausbildung und Supervision. Es gilt, ein Gleichgewicht zwischen Sensibilität und Abgrenzung zu finden, was natürlich interpersonell unterschiedlich ausfallen wird und auch jeweils der konkreten Situation anzupassen ist: Bei KlientIn A brauche ich vielleicht mehr Selbstschutz als bei KlientIn B, vor meinem Urlaub vielleicht mehr als in frisch ausgeruhter Verfassung, etc.

Maslach und Jackson sind neben ihrer Burnout-Konzeption auch durch die Entwicklung eines Fragebogens, das sogenannte *Maslach Burnout Inventory (MBI)*, bekannt geworden. Darin wird Burnout in 22 Items auf den Dimensionen „emotionale Erschöpfung", „Depersonalisation" und „reduzierte persönliche Leistungsfähigkeit" erfaßt. Häufigkeit und Intensität des Auftretens der erfragten Merkmale werden auf je zwei getrennten, siebenstufigen Skalen eingeschätzt. Der Fragebogen stellt ein Instrument zur Selbsteinschätzung dar, wobei es keinen kritischen Wert gibt, der festlegt, ab wann jemand als ausgebrannt zu gelten hat. Zahlreiche Untersuchungen zu Burnout stützen sich auf das MBI.[4]

Soziale Strukturen und Stützsysteme, institutionelle und kulturelle Bedingungen

Der Ansatz der Forschergruppe um Aronson, Pines und Kafry weist viele Ähnlichkeiten mit dem Konzept von Maslach auf, was nicht zuletzt daran liegt, daß Maslach ursprünglich in dieser

---

[4] Nach Angaben von Maslach und Jackson entspricht das MBI den üblichen Gütekriterien. Eine diskriminative Validität ist im Hinblick auf Depressivität und auf das Konstrukt der Arbeitszufriedenheit in eingeschränktem Maße gegeben. In Anlehnung an das MBI ist ein weiteres Burnout-Meßinstrument speziell für professionelle HelferInnen von Jones (1980) entwickelt worden, die SBS-HP (Staff Burnout Scale for Health Professionals). Im Vergleich zur SBS-HP und zur Überdrußskala (Tedium Measure) von Aronson, Pines und Kafry gilt das MBI als qualitativ am besten zur Erfassung von Burnout geeignet (vgl. Enzmann & Kleiber, 1989, S. 107 ff. und Wagner, 1993, S. 57 ff.).

Gruppe mitgearbeitet hat. Auch Aronson, Pines und Kafry fokussieren auf Umweltfaktoren: „Beinahe jeder Mensch brennt aus, wenn bestimmte Umweltbedingungen gegeben sind" (Aronson et al., 1983, S. 46). Ihre Perspektive auf Burnout ist dementsprechend eher arbeits- und organisationsbezogen, mehr sozialpsychologisch als klinisch orientiert. Burnout wird als emotionale, geistige und physische Erschöpfung gekennzeichnet, wobei nicht alle Phänomenbereiche gleichzeitig realisiert sein müssen, um einen psychoemotionalen Zustand als Burnout zu charakterisieren. Sie verdeutlichen ihre Position durch zahlreiche Falldarstellungen. Zum Beispiel: Sue, Familienberaterin bei der Polizei:

> *Manchmal kam ich zu Hausbesuchen zu spät. Unterwegs machte ich Besorgungen, nur um Zeit zu gewinnen, in der ich nichts mit meiner Arbeit zu tun hatte. Ich legte während der Gespräche mit meinen Klienten Pausen ein und begann sie an andere Dienststellen zu verweisen. Ich war negativ eingestellt, ehe ich auch nur in die Häuser hineinging; ich war schroff und ohne jede Wärme. Rückblickend glaube ich, daß ich diese Distanz schaffen wollte, weil ich nicht mehr wünschte, daß meine Klienten mich mögen. Ich dachte, daß sie auf weitere Verabredungen mit mir verzichten würden, wenn sie fanden, daß ich weder hilfsbereit noch mitfühlend war* (a.a.O., S. 59).

Aronson et al. unterscheiden zwischen Überdruß (Tedium) und Burnout. Letzteres betrifft in ihrer Terminologie ausschließlich Angehörige helfender Berufe, wogegen Überdruß auch in anderen Berufssparten, beispielsweise in der Verwaltung erlebt wird – aus unserer Sicht eine eher künstliche Unterscheidung, denn Verwaltungsarbeit fällt auch in helfenden Berufen an, und

Verwaltungsangestellte realisieren je nach Aufgabenfeld mehr oder weniger Kundenkontakte. Als Beispiel für den Einfluß organisatorischer Bedingungen auf Burnout kann eine von Pines und Maslach durchgeführte Aktionsstudie mit 83 MitarbeiterInnen von 12 Kindertagesstätten gelten (Maslach & Pines, 1977, S. 100-113). Nach der Realisierung institutioneller Veränderungen, die von den MitarbeiterInnen selbst initiiert worden waren, stieg deren Zufriedenheit und Wohlbefinden an. Im wesentlichen bestanden die Veränderungen in einer stärkeren Strukturierung der Kinderbetreuung, zum Beispiel festen Betreuungsteams für bestimmte Kinder sowie fester Terminierung der Anwesenheitszeiten von Kindern und ehrenamtlichen MitarbeiterInnen. Vielleicht waren dabei nicht so sehr die eingeführten Veränderungen selbst von Bedeutung als die Tatsache, daß die MitarbeiterInnen Eigeninitiative bewiesen und ihre Arbeitssituation konstruktiv gestaltet hatten, mithin positiver erleben konnten.

Grundsätzlich ist die Berücksichtigung der meist unterschiedlichen Perspektiven aller am Arbeitsprozeß beteiligten Personen im Hinblick auf die Arbeitszufriedenheit ausgesprochen wichtig. In einer qualitativen Studie zur psychischen Belastung von Beschäftigten der Behindertenhilfe (Marquard et al., 1993) wurden die MitarbeiterInnen des Gruppendienstes und der mittleren Führungsebene in Form von Interviews zu ihrer Arbeitsbelastung befragt. Zur Sprache kamen dabei Belastungen durch die behinderten HeimbewohnerInnen, Belastungen im Team, die (fehlende) Unterstützung von Seiten der Leitung, Mängel in der Einarbeitung, die Aus- und Weiterbildung sowie (fehlende) Gruppen- und Arbeitskonzepte. Zum Teil gab es übereinstimmende, zum Teil abweichende Einschätzungen: so wurden Extremsituationen wie aggressive Ausbrüche von Behinderten oder das Sterben von HeimbewohnerInnen von MitarbeiterInnen und der Führungssebene gleichermaßen als belastend eingestuft. Anders die Beurteilung von Routinearbeiten: Während die MitarbeiterInnen diese als sehr belastend kennzeichneten, maß ihnen die Leitung keine große Bedeutung als Belastungsquelle zu. Als Hauptproblem wurden Mängel der Kommunikation sowohl innerhalb als auch zwischen den MitarbeiterInnen und der „mittleren Führungsebene" genannt.

Im Rahmen der Personalentwicklung erhält die Mitarbeiterbeteiligung der Angestellten an der Arbeitsstrukturierung und am Arbeitsablauf (z.B. durch Qualitätszirkel, Projektgruppen oder teilautonome Arbeitsgruppen) für die Verbesserung des Arbeitsklimas und der Produktivität zunehmend an Bedeutung. Ein praxisrelevantes Planungsinstrumentarium stellen hierbei die von Robert Jungk entwickelten „Zukunftswerkstätten" dar (vgl. Schiepek, 1991, S. 126ff.). In Zukunftswerkstätten geht es darum, konkret anstehende Probleme – wie Verkehrsberuhigung in einem Stadtteil, Raumgestaltung in der Universität oder die Planung psychosozialer Einrichtungen – nicht durch ExpertInnen, sondern gemeinsam mit den unmittelbar Beteiligten zu lösen. Dabei wird in drei voneinander getrennten Phasen vorgegangen: Kritik an der gegenwärtigen Situation, Phantasiephase, Verwirklichung von Ideen. Eine Trennung dieser Phasen ist wichtig, weil im Alltag utopische Potentiale oft vom Blick auf das Machbare verstellt werden und so wertvolle Anstöße verloren gehen. Koch und Wahrheit (1987) berichten von einer Zukunftswerkstatt mit MitarbeiterInnen der Obdachlosenbetreuung. Dabei waren auch Berufsgruppen vertreten, denen sonst wenig Planungskompetenz zugeschrieben wird, etwa Putzfrauen oder

Hausmeister, die aber im Alltag der Obdachlosen nicht selten Schlüsselpositionen einnehmen. Konsequenz aus dem Workshop: Schon sprachlich bleibt die Planung realitätsnäher und die Umsetzung im Alltag wird wahrscheinlicher, weil mehr Beteiligte ihre Sicht einbringen konnten und sich folglich in den Projekten stärker engagierten.

Eine auf Einzelindividuen oder Paare zugeschnittene Variante von Zukunftswerkstätten sind sog. *persönliche Entwicklungsprojekte*, bei denen relevante Ziele, Zielerreichungsstrategien, sinnvolle individuelle und soziale Ressourcen, erste Schritte, Begleitpersonen sowie Belohnungen für erfolgreiche Projektschritte geplant werden. Nützlich ist es, sich einen Titel oder ein Symbol für sein jeweiliges Entwicklungsprojekt auszudenken.

Auch Systemanalysen psychosozialer und medizinischer Institutionen (in Form sog. idiographischer Systemmodelle), in denen die Sichtweisen aller Beteiligten (KlientInnen, MitarbeiterInnen, Leitung) berücksichtigt und netzwerkartig aufeinander bezogen werden, ermöglichen einen Überblick über komplexe Arbeitsstrukturen, bieten Gesprächsanlässe zu konvergierenden und divergierenden Interessen und erhöhen insgesamt die Systemkompetenz aller Beteiligten (vgl. Schiepek et al., 1998).

Soziale Stützsysteme werden für die Burnout-Prävention als zentral eingestuft (Aronson et al., 1983, S. 144ff.). Dabei unterscheiden die AutorInnen sechs verschiedene Unterstützungsfunktionen: Zuhören, sachliche Anerkennung, sachliche Herausforderung, emotionale Unterstützung, emotionale Herausforderung und Teilen der sozialen Realität. In dieser Funktionsvielfalt sozialer Netze und Strukturen wird deutlich, daß Burnout nicht nur durch Über-, sondern auch durch Unterforderung „angefacht" werden kann: Sowohl Entlastung als auch Konfrontation und neue Aufgabenstellungen sind für die Arbeitszufriedenheit förderlich. Ein Ziel der Burnout-Prävention besteht daher im Aufbau sozialer Netzwerke, aus denen sowohl Herausforderungen wie auch Unterstützungsangebote entstehen. Aronson et al. schlagen vor, daß Burnout-Gefährdete eine persönliche Bestandsaufnahme ihrer sozialen Stützsysteme vornehmen und sich dann aktiv bemühen sollten, Unterstützungslücken zu schließen.

In dieselbe Richtung gehen Bemühungen, thematische Gruppen zur Burnout-Prophylaxe ins Leben zu rufen. Deren Hauptaufgaben bestehen in der Aufklärung über Burnout und Überdruß, in der Analyse von Arbeitsbelastungen und in der Differenzierung dieser Belastungen nach vermeidbaren und unvermeidlichen Stressoren einschließlich der Entwicklung von Bewältigungsstrategien. Die Evaluation einer solchen Arbeitsgruppe mit 23 TeilnehmerInnen erbrachte im Vergleich zu einer Kontrollgruppe kurzfristig günstige Effekte (Aronson et al., 1983, S. 123f.). Nach einem halben Jahr konnten jedoch keine Effekte mehr festgestellt werden, unter anderem weil die Rücklaufquote der eingesetzten Fragebögen zu gering war. Dies scheint die Ansicht von Edelwich und Brodsky (1984) zu bestätigen, daß derartige „Nörglertagungen" als Pseudointerventionen zu bewerten seien, die zwar den TeilnehmerInnen kurzfristige Entlastung, aber keine stabile Verbesserung brächten. Unseres Erachtens muß bei der Beurteilung solcher Arbeitsgruppen jedoch genau unterschieden werden, welche Funktion sie haben: Sollen sie bei selbständig Tätigen als soziales Stützsystem fungieren, da ihnen ein ständiges Team – etwa zur kollegialen Intervision – fehlt?

Oder hat ein Team die Absicht, für ein bestimmtes Problem gemeinsame Lösungsstrategien zu erarbeiten? Oder geht es darum, ohne konkrete Veränderungsabsichten einfach mal Dampf abzulassen? Nur in diesem Fall dürfte der Kritik von Edelwich und Brodsky Berechtigung zukommen.

Auch Aronson et al. haben ein Meßinstrument für Burnout erarbeitet, das sogenannte *Tedium Measure* (*TM*, Überdrußskala), welches Burnout in 21 Items (siebenstufige Skalen) erfassen soll. Mit diesem aufgrund seiner Kürze einfach handhabbaren Instrument unternahmen sie den Versuch, Burnout im transkulturellen Vergleich zu erheben. Auch wenn es hier nicht um Angehörige helfender Berufe ging, ist dieser Vergleich deshalb von Interesse, weil hierbei unterschiedliche kulturelle Bewertungen ins Blickfeld rückten. Befragt wurden 66 israelische und 66 amerikanische Manager (ausschließlich Männer) nach dem Ausmaß ihres Überdrusses. Dabei erzielten die israelischen Untersuchungsteilnehmer trotz stärkerer Belastung durch Bürokratie und streßreichere Lebensumstände niedrigere Überdrußwerte als die amerikanischen Untersuchungsteilnehmer. Die Autoren vermuten, daß dies auch auf eine allgemein niedrigere soziale Akzeptanz des Ausbrennens zurückzuführen sei, geprägt von der Einstellung, daß Menschen, die an Burnout leiden, schwach und inkompetent wären. „Tatsächlich gaben die Mitglieder einer israelischen Gruppe, denen wir gesagt hatten, daß gerade die besten Leute ausbrennen, höhere Überdrußraten zu, die das Niveau ihrer amerikanischen Kollegen beinahe erreichten" (S. 213).

Berufseinstieg, Praxisschock und Burnout: Möglichkeiten der Bewältigung beruflicher Herausforderungen

Cherniss (1980b) interpretiert Burnout als defensive Copingstrategie bei starkem als Belastung empfundenem, beruflichen Streß. Nicht jede Form von beruflichem Streß wirkt jedoch belastend, ja berufliche Belastung kann auch als Herausforderung empfunden werden. Zur Unterscheidung zwischen belastendem und herausforderndem Streß wurden von der Streßforschung die Begriffe „Distress" und „Eustress" eingeführt. Selye unterscheidet Distress von Eustress nach dem Grad der „Kontrollierbarkeit": Kontrollierbarer Streß sei entwicklungsfördernd, unkontrollierbarer Streß dagegen schädigt (Burisch, 1994, S. 95). Streß wird dann zur Belastung, wenn die gegebenen Anforderungen mit Hilfe verfügbarer Ressourcen nicht bewältigt und verarbeitet werden können. Unter Rückgriff auf ein psychisches Gleichgewichts-Ideal werden nach Cherniss verschiedene Burnout-Phänomene (z.B. Abbau von Idealismus) als Strategien eingesetzt, ein erschüttertes inneres Gleichgewicht wieder zu stabilisieren. Dabei mögen einige Reaktionen, wie das Ersetzen unrealistisch hochgesteckter durch bescheidenere, erreichbarere Ziele durchaus sinnvoll und für die berufliche Psychohygiene konstruktiv sein. Andere Reaktionen wie das Zurückweisen jeglicher Verantwortung für nicht erreichte Ziele, Diffamierung von KlientInnen und Arbeitsstrukturen oder rein palliative Copingstrategien wie vermehrtes Rauchen oder Alkoholkonsum wirken sich langfristig wohl eher nachteilig aus und sollten durch Strategien aktiver Problemlösung ersetzt werden.

Als besonders gefährdete Phase gilt der Berufseinstieg, wobei hierbei meist nicht von Burnout, sondern vom „Praxisschock" die Rede ist (vgl. Künzel & Schulte, 1986). Künzel (1989) hat 55 BerufsanfängerInnen der Psychologie in ambulanten und stationären klinischen Berufsfeldern zu relevanten Aspekten ihres Berufseinstiegs befragt (Rahmenbedingungen, persönliche Bedingungen im Umgang mit KlientInnen, Methoden und Aufgaben). Die Befragten machten deutlich, daß sie die Vorbereitung durch die Universität als unzureichend einschätzten, vor allem was den Umgang mit den Rahmenbedingungen der Berufstätigkeit angeht. Insgesamt erlebten sich 75% der BerufseinsteigerInnen als deutlich belastet, wobei sich die stationär, d.h. in Institutionen tätigen PsychologInnen stärker belastet fühlten als die ambulant tätigen. Die Bezeichnung „Praxisschock" sei demnach nicht übertrieben. Burnout scheint dabei eines von mehreren möglichen Reaktionsmustern im Umgang mit dem Praxisschock zu sein, allerdings ein eher devensives. Breuer (1979) wertet den Praxisschock als Initialphase im Prozeß der „beraterisch-therapeutischen Erfahrungsbildung" (S. 138ff.). Diese Einschätzung wird durch eine Untersuchung von Willutzki und Ambühl (1992) bestätigt. Sie erhielten auf der Grundlage einer Stichprobe von 432 PsychotherapeutInnen mit unterschiedlich langer Berufserfahrung die Einschätzung, daß emotionale Erschöpfung und Depersonalisation mit wachsender Berufserfahrung ab- und zugleich die persönliche Leistungsfähigkeit zunimmt.

Längsschnittuntersuchungen zu Burnout sind, obwohl für das Verständnis von Verläufen wichtig, doch eher selten, so daß einer Studie von Cherniss (1980a) besondere Relevanz zukommt. 28 Berufsneulinge aus den Arbeitsfeldern Schule,

Rechtsberatung, sozialpsychiatrische Dienste und ambulante Krankenpflege wurden mindestens zweimal (durchschnittlich im Abstand von fünf Monaten) zu ihren Einstellungen hinsichtlich der für ihre Berufsausübung bedeutsamen Streß- und Entlastungsfaktoren befragt. Die meisten der BerufseinsteigerInnen zeigten Anzeichen von Burnout, wobei diese in erkennbarem Zusammenhang mit schwierigen Arbeitsbedingungen standen. Als Streß- und Belastungsquellen wurden genannt: Zweifel an der eigenen Kompetenz, Probleme mit KlientInnen, Behinderungen durch die Bürokratie, Mangel an Stimulation und Erfüllung sowie Mangel an kollegialer Unterstützung. Zwar spielten auch private Aspekte wie die außerberufliche Unterstützung eine Rolle, weit bedeutender waren jedoch die Auswirkungen des Arbeitssettings auf den empfundenen Streß. Cherniss nennt folgende Problembereiche:

- Mangelhafte Gestaltung der Orientierungsphase für die BerufseinsteigerInnen (z.B.: unmittelbare Verantwortungsübernahme für den gesamten Arbeitsbereich, anstatt sich stufenweise mit den Anforderungen vertraut zu machen, etwa über die Möglichkeit, erfahrene KollegInnen bei ihrer Arbeit zu beobachten und zu begleiten).

- Große Arbeitslast durch zu viele KlientInnen oder „Fälle".

- Eintönige Arbeit bzw. fehlende Stimulation.

- Eng auf Zielerreichung limitierte KlientInnenkontakte, kaum vorhandene Bandbreite unterschiedlicher Aufgaben.

- Mißverhältnis zwischen dem Anspruch autonomen beruflichen Handelns und bürokratischen Einschränkungen; fehlende Mitbestimmungsmöglichkeiten.

- Unklare und inkonsistente institutionelle Ziele, zum Beispiel widersprüchliche Erwartungen oder Aufgaben, die einen Rollenkonflikt vorprogrammieren.
- Fehlende oder schwache Leitung.
- Fehlende oder schlechte Supervision.
- Soziale Isolation.

Diese potentiellen Einflußgrößen treten nicht unabhängig voneinander auf: Arbeitssettings, die sich in einem Bereich eher unterstützend und weniger streßerzeugend erwiesen, neigten dazu, auch in anderen Bereichen positiv zu wirken und umgekehrt (Cherniss, 1980a, S. 180). Beispielsweise hat die mit Fällen überladene Rechtsberaterin keine Zeit mehr, den Rahmen des Kontakts mit ihren KlientInnen zu erweitern, um auch auf andere als juristische Fragen eingehen zu können. Zudem wird sie kaum die Möglichkeit haben, sich besonders herausfordernden Fragestellungen eingehender zu widmen, um damit die Eintönigkeit formalisierter juristischer Vorgänge zu unterbrechen.

Rollen, Macht und Normen als Formen der Komplexitätsreduktion und zugleich als Quellen von Ambiguität und Konflikt

Es sind also facettenreiche Muster, die den Gesamteindruck prägen, den Berufseinsteiger von ihrem Beruf und dessen potentiellen Entwicklungschancen gewinnen: „In jedem der vorliegenden Arbeitssettings schien die Konstellation all dieser Faktoren in komplexer Weise zu interagieren, woraus sich dann eine einzigartige *Gestalt* ausformte, die die Eingangserfahrung und die Entwicklung der Berufslaufbahn der Neulinge beeinflußte" (Cherniss, 1980a, S. 180). Insbesondere tragen unklare und mehrdeutige Situationen zu Streßbelastungen bei, können aber nicht einfach „abgeschafft" oder verhindert werden. Vielmehr ist Mehrdeutigkeit, Ambiguität ein Kennzeichen postmoderner gesellschaftlicher Verhältnisse im allgemeinen und der psychosozialen Arbeit im besonderen (Manteufel & Schiepek, 1998). Ambiguität erfordert entsprechende Gestaltungskompetenzen.

Cherniss beschreibt das Ergebnis von Orientierungsversuchen in der Unübersichtlichkeit psychosozialer Praxis als „einzigartige *Gestalten*" spezifischer Wirklichkeitskonstruktionen. Komplexitätsreduktion über die Herstellung von gestalthaften Ordnungszuständen ist typisch für die Orientierung in komplexen Systemen. Sie können sich im Laufe persönlicher Entwicklungen verändern und unterscheiden sich auch von Institution zu Institution, von Tätigkeitsfeld zu Tätigkeitsfeld und zwischen hierarchischen Ebenen. Im folgenden werden drei Formen der *institutionellen* Komplexitätsreduktion näher beleuchtet. Es handelt sich insofern um ambige, also doppeldeutige Ordnungsformen, als sie einerseits in ihrer Strukturierungsfunktion allgegenwärtig sind, andererseits aber auch Konfliktquellen darstellen.

1. Rollen- und Aufgabenstrukturen

Die Verfügbarkeit von Rollen kann in sozialen Systemen als hocheffiziente Möglichkeit der Komplexitätsreduktion, der Handlungsstrukturierung und der Selektion von Kommunikationsvielfalt gelten. Gleichzeitig reicht in der Regel schon ein Mindestmaß an Komplexität eines sozialen Systems aus, um auch Rollenkonflikte und Rollenambiguitäten zu erzeugen (vgl. Cherniss [1980b] unter Bezugnahme auf die Rollentheorie von Kahn et al., 1964). Rollenkonflikte können sich auf unterschiedliche Weise manifestieren, zum Beispiel in einem Gefühl der Überlastung durch zu viele oder inkompatible Aufträge. Müssen für KlientInnen zu viele Funktionen übernommen werden, entsteht das Gefühl, entweder alle KlientInnen gleich schlecht zu versorgen oder einige zugunsten anderer zu vernachlässigen. Nach welchen Kriterien soll man Prioritäten setzen? Sollen diejenigen bevorzugt behandelt werden, die im Hinblick auf Behandlungs- oder Therapieerfolge am aussichtsreichsten erscheinen? Oder die am schlimmsten dran sind? Oder die am meisten Druck ausüben?

In der Literatur werden drei verschiedene burnout-trächtige Varianten von Rollenkonflikten unterschieden:

(a) Im *Inter-Sender-Rollenkonflikt* hat die professionelle HelferIn sich mit divergierenden Anweisungen von Auftraggebern auseinanderzusetzen. Dies kommt häufig in Arbeitssettings mit mehreren Vorgesetzten vor, aber auch im Kontakt mit Klientensystemen (Paare, Familien, Gruppen), deren Mitglieder gegenläufige Interessen verfolgen. Ein typischer Schauplatz von „Inter-Sender-Rollenkonflikten" sind Multi-Helfer-Systeme (vgl. Imber-Black, 1992; Schweitzer, 1989, 1998; Steiner & Reiter, 1997), in denen zwei oder mehr Hilfssysteme mit einer KlientIn oder einer Familie arbeiten, nacheinander oder auch zeitgleich (z.B. Kinderheim, Jugendamt, Schule, Psychiatrie und HausärztIn). Oft wissen nicht einmal die Beteiligten selbst darüber Bescheid, welche HelferInnen sich eingeschaltet haben oder zusätzlich um Hilfe gebeten wurden und können schon allein deswegen nicht miteinander kommunizieren. Dadurch, aber auch durch konkurrierende Interessen oder durch Parteibildungen (die SozialarbeiterIn hält zur Mutter, die PsychologIn in der Psychiatrie zum Vater) können sich KlientInnen mit genau entgegengesetzten Ratschlägen konfrontiert sehen. Oder eine professionelle HelferIn erlebt jede ihrer Maßnahmen von einer anderen Hilfsperson boykottiert. Schweitzer (1989) schildert am Beispiel dissozialer Karrieren von Jugendlichen, wie die Beteiligung vieler HelferInnen einen Konflikt erst zum Eskalieren bringen kann. „Nicht-Handeln" (Portele & Roessler, 1994) und die Reduktion der Anzahl am „Problemlöseprozeß" Beteiligten führen dann oft weiter als der (gutgemeinte) Einsatz eines umfangreichen Interventionsarsenals.

Systeme, auch soziale Systeme, reagieren auf Interventionen oft zeitverzögert. Wenn dies nicht berücksichtigt wird, also auf eine scheinbar wirkungslose Intervention gleich die nächste Maßnahme draufgesetzt wird („mehr desselben"), kann dies zu einer wechselseitigen Blockade von Maßnahmen, zu Abstumpfung oder zu Übersteuerung führen.

(b) Im *Intra-Sender-Rollenkonflikt* besteht eine Ambivalenz zwischen zwei entweder zeitgleich oder prinzipiell unvereinbaren Zielen oder Werten. Als Beispiel kann die Situation einer GefängnispsychologIn dienen, die ihren KlientInnen einerseits Therapie anbieten soll, andererseits aber auch für die Erstellung von Gutachten zuständig ist, welche über die vorzeitige Entlassung eines Häftlings entscheiden. Solche inkompatiblen Aufträge provozieren Konfliktsituationen. Abhilfe versucht eine begriffliche Klärung, die zur „logischen Buchhaltung" (Ludewig, 1992) verschiedener Hilfsfunktionen einerseits und davon zu unterscheidender anderer Tätigkeiten beitragen soll: „Eine logisch korrekte Definition des Helfens muß prinzipiell Hilfe-*suche* voraussetzen. Andernfalls, wenn ‚Hilfe' unabhängig vom Ersuchen geleistet oder aufgedrängt wird, muß man von Für-sorge, Reparatur, Kontrolle oder gar Bevormundung und Be-mächtigung sprechen. Alle diese Maßnahmen können berech-tigt und im Endeffekt hilfreich sein, müssen aber [...] vom Helfen unterschieden werden" (S. 121).

(c) Unter einem *Person-Rolle-Konflikt* versteht man die Diskre-panz zwischen einer gestellten Aufgabe und den dafür zur Ver-fügung stehenden Ressourcen, zum Beispiel Fachkompetenzen.

Besonders häufig treten Rollenkonflikte bei diskrepanten Anfor-derungsprofilen der Bürokratie und professionellem Handeln auf. Lassen sich diese Rollenkonflikte nicht durch Absprachen, Trennung unvereinbarer Aufgabenbereiche oder entsprechende Weiterbildung auflösen, so bilden sie ein dauerhaftes Streßpo-tential. Unter solchen Bedingungen ist der Weg zur Hilflosig-keitsdepression (Seligman, 1979) nicht weit. Resignation und Apathie sind die Folgen der Erfahrung, den „aversiven Reizen" solcher Rollenkonflikte nicht entkommen zu können. Rollenam-biguität tritt nach Kahn et al. (1964) verschärft dann auf, wenn Informationen fehlen, die nötig wären, um berufliche Aufträge angemessen zu erfüllen. Solcher Informationsmangel kann sich beziehen auf

- den Umfang einer Arbeit und die aus ihr erwachsenden Ver-antwortlichkeiten,

- Erwartungen der MitarbeiterInnen,

- Arbeitsanforderungen,
- Aufstiegs- und Entwicklungsmöglichkeiten,
- Bewertungen durch Vorgesetzte,
- Vorgänge und Strukturen innerhalb einer Institution.

Manche Ambiguitäten sind trotz verfügbarer Informationen fundamentales Merkmal psychosozialer Tätigkeit, zum Beispiel die Tatsache, daß Erfolge von Therapien oft weder nach eindeutigen Kriterien beurteilbar noch eindeutig attribuierbar sind. Auch wenn sich positive Veränderungen zeigen, bleibt häufig unklar, ob diese wirklich auf die realisierte therapeutische Leistung zurückzuführen sind. Am deutlichsten zeigen sich die Bedingungen von Intransparenz, Ambiguität und Komplexität bei der Gestaltung von Interventionsprozessen. Deren Planung beruht meist auf variablen Ausgangsbedingungen, also solchen, die sich eigendynamisch verändern. Prognosen sind in komplexen Systemen hinsichtlich Präzision und Zeithorizont nur bedingt möglich. Entscheidungen beruhen auf der Einschätzung einer Ist-Situation, die zum Zeitpunkt, an dem sich die Konsequenzen zeigen, bereits überholt sein kann. Zudem ist es nicht möglich, alle Einflußgrößen auf eine Situation zu berücksichtigen, ja nicht einmal, sie alle zu kennen (Intransparenz). Vielfach ist es erforderlich, mehrere Ziele zeitgleich zu verfolgen (Polytelie). Dabei kommt es leicht zu Zielkontradiktionen, was bedeutet, daß die Annäherung an das eine Ziel durch eine Entfernung vom anderen Ziel erkauft wird (vgl. Dörner, 1989; Schiepek, 1991).

Der Psychopraktiker müsse – so folgert Cherniss (1980b, S. 91) – „... unvermeidlich in einem dichten kognitiven ‚Nebel' arbeiten". Gerade weil der Umgang mit Uneindeutigkeit offenbar konstitutiv für die Arbeit in komplexen Systemen und daher eine Art Berufsrisiko auch für PsychotherapeutInnen und andere professionelle HelferInnen darstellt, sollten Chancen zur Klärung klärungsbedürftiger Strukturen genutzt werden, wo immer möglich. Trotzdem wird man sich damit zurechtfinden müssen, daß man mit dem Wunsch nach Klarheit und Transparenz wahrscheinlich auf Dauer einer unerreichbaren Chimäre nachläuft. Es gilt, dem Klärungsideal die Tugenden des Respekts vor der Komplexität und Eigendynamik lebender Systeme und der Bescheidenheit angesichts eigener Einflußmöglichkeiten an die Seite zu stellen. „Menschen, wenn sie schon nicht Recht haben, behalten es doch gern, und dies besonders in Situationen, in denen ihnen Zweifel und Unsicherheit zusetzen. Einzugestehen, daß man etwas nicht weiß oder daß man etwas Falsches angenommen hatte, als man eine Entscheidung traf, mag einem weisen alten Mann leichtfallen, aber die Fähigkeit zu solchen Eingeständnissen ist wohl gerade ein Zeichen der Weisheit, und die meisten Akteure in komplexen Handlungssituationen sind nicht oder noch nicht weise" (Dörner, 1989, S. 65f.).

2. Machtstrukuren

Macht wird in der Soziologie mit vielfältigen Bedeutungsgebungen versehen. Eine davon begreift Macht im Sinne von Einflußmöglichkeiten auf Entscheidungen. Cherniss (1980b, S. 97ff.) unterscheidet zwei Varianten der Entscheidungsfindung: die individuelle Entscheidung des Einzelnen und die kollektive, partizipative Entscheidung, z.B. in einem Team. Enge hierarchische, zentralisierte oder stark bürokratisierte, standardisierte Organisationsstrukturen, in denen Entscheidungskonsequenzen entweder von oben nach unten weitergegeben werden oder scheinbar gar nicht anstehen, mithin weder für individuelle noch für partizipative Entscheidungen Raum bleibt, gelten als Risikofaktor für Burnout und andere Formen der Unzufriedenheit. Durch die tatsächliche oder wahrgenommene Einflußlosigkeit entstehen Hilflosigkeitsgefühle, die auf dem Eindruck beruhen, die Ergebnisse der eigenen Bemühungen nicht in der Hand zu haben. Dabei ist zu berücksichtigen, daß Hilflosigkeit eine subjektive Konstruktion darstellt. Machtausübung ist ohne jemanden, der gehorcht, nicht möglich. „Das der Machtausübung komplementäre Verhalten ist, sich der Macht zu unterwerfen, Macht einräumen, Macht gewähren, sich fügen, sie zulassen usw. oder eben: gehorchen" (Portele & Roessler, 1994, S. 11).

In der Betriebs- und Organisationspsychologie ist das Verhältnis von Führung und Partizipation ein wichtiges Thema (Scholl, 1993). Der Nutzen partizipativer Entscheidungsfindung kann als gesichert gelten, nicht nur im Hinblick auf die Demokratisierung von Organisationen und auf die Selbstentfaltung von ArbeitnehmerInnen, sondern auch als Mittel der Qualitäts- und Effektivitätssicherung (Nutzung der Erfahrungen und Qualifikationen von ArbeitnehmerInnen, Steigerung der Arbeitszufriedenheit). Die Vorteile von Partizipation sind zwar seit langem bekannt, dennoch aber wird häufig auf sie verzichtet: Wer die Macht hat, teilt sie nicht gern. Scholl weist darauf hin, daß diese Tendenz sogar mehrfach zum Abbruch erfolgreicher Partizipationsexperimente geführt habe (a.a.O., S. 434). In der Praxis kommen meist Mischformen zwischen Führung und Partizipation vor. Zudem wird es auch individuelle Unterschiede hinsichtlich der Frage geben, an welchen Punkten und in welchem Ausmaß jemand Einfluß auf Entscheidungen nehmen möchte oder eben darunter leidet, daß diese Möglichkeit nicht oder nur bedingt besteht. (Knappe Überblicke über die psychologische Kooperationsforschung geben Battmann [1993], Manteufel und Schiepek [1998] sowie Schweitzer [1998]).

3. Normative Strukturen

Zu den normativen Strukturen gehören die Zielvorstellungen, die in einem Arbeitsfeld wirksam werden oder auch fehlen, die Unternehmensphilosophie und der weltanschauliche oder ideologische Hintergrund einer Organisation. Sie können entscheidenden Einfluß darauf nehmen, wie professionelle HelferInnen ihr berufliches Handeln werten. Sie können Stütze und Orientierung bieten, Sinn stiften, die Abgrenzung nach außen fördern und innerhalb der Organisation für eine gemeinsame Sprache sorgen, kurz: Komplexität reduzieren und einen Rahmen für die professionelle Identität der Mitarbeiter schaffen. Allerdings müssen einige Voraussetzungen erfüllt sein, damit normative Strukturen konstruktiv zur Wirkung kommen:

• Zielformulierungen sind nur dann wirklich hilfreich, wenn sie in konkrete Handlungsschritte münden und mit ihrer Hilfe Prioritäten gesetzt werden können. Bei Arbeitsüberlastung stellt eine solche Prioritätensetzung ein wichtiges Mittel zur Streß- und Komplexitätsreduktion dar. Dabei ist allerdings zu berücksichtigen, daß es aufgrund der in psychosozialen Arbeitsfeldern gegebenen Eigendynamik und Komplexität nicht gesichert ist, über Steuerungsmaßnahmen (etwa gezielte therapeutische Interventionen) gewünschte Zielzustände tatsächlich zu erreichen. Ziele sind hilfreich, insofern sie der Transparenz des Handelns dienen, sowohl gegenüber KollegInnen als auch gegenüber KlientInnen. Es ist jedoch auch möglich, mit wohlklingenden Zielformulierungen Handlungsfolgen zu verschleiern. Globale Ziele wie „Selbstverwirklichung", „Erfolg" oder „Gesundheit", die in der Regel kaum hinterfragt werden, eignen sich besonders gut dazu. Mit Hinweis auf solche Ziele, die man meist als allgemeinverbindliche Werte betrachtet, können unter Umständen nahezu gegensätzliche Handlungen begründet werden, und die angestrebte Transparenz geht just dadurch verloren. Ansprechende Zielformulierungen haben darüber hinaus vor allem motivationalen Wert: Sie können festgefahrene Muster destabilisieren, aktivierend und katalysierend wirken (Schiepek, 1991, 108ff.).

- Konzepte und Unternehmensphilosophien („Corporate Identities") schaffen vor allem dann Identität und Motivation, wenn sie auf breiter Basis entwickelt oder wenigstens akzeptiert werden. „Tatsächlich könnte ein vom Team selbst entwickeltes Rahmenkonzept die effektivste Führungsphilosophie sein" (Cherniss, 1980b, S. 104).

- Miteinander konkurrierende Philosophien können innerhalb eines Arbeitsfeldes eine erhebliche Streßquelle bedeuten. Besonders deutlich wird dies am Beispiel verschiedener Therapieschulen, die jeweils unterschiedliche Philosophien, Zielvorstellungen und Menschenbilder implizieren. Einer der von Cherniss (1980a, S. 246) interviewten Berufsanfänger arbeitete in einem Team mit Vertretern der Psychoanalyse einerseits, der Transaktionsanalyse andererseits, was zu ständigen Konflikten und eifersüchtigem Konkurrieren führte. Mag sein, daß heterogene Philosophien in Teams besser sind als gar keine Führungsphilosophie, doch wird die einheitsstiftende und motivierende Kraft eines Standpunkts durch Konflikt und Konkurrenzkampf geschwächt.

• Wieviel Bedeutung der Schulenzugehörigkeit professioneller HelferInnen sowohl von Arbeitgeber- als auch von Arbeitnehmerseite beigemessen wird, zeigt ein Blick in die Stellenanzeigen jeder größeren Zeitung: Die Ausbildung in einer bestimmten psychotherapeutischen Richtung wird häufig als Anstellungskriterium genannt. Unter dem Gesichtspunkt der Burnout-Prävention mag eine gemeinsame ideologische Basis als Auswahlkriterium für mögliche Zusammenarbeit vielleicht sinnvoll sein; unter gewissen Bedingungen (z.B. Druck von außen, Pionierphase) kann das ja beflügeln. Wahrscheinlich machen sich Konflikte innerhalb der Belegschaft dann aber anhand anderer narzißtisch besetzter Unterschiede breit (vgl. Freuds Aufsatz zum „Narzißmus der kleinen Unterschiede"). Anstatt solchen Unterschieden „vorzubeugen" oder diese zu verhindern wäre daher eine Philosophie wünschenswert, für welche gerade der Austausch über diese Unterschiede hinweg, zwischen unterschiedlichen Standpunkten, Disziplinen und psychotherapeutischen Richtungen, mit anderen Worten: ein interkonfessioneller wie transdisziplinärer Multilog integrativer Bestandteil wäre. Eine solche persönliche Haltung, Einstellung und Kompetenz ist bereits in der Ausbildung zu entwickeln und dann zu kultivieren. Die konstruktive Nutzung von Konflikten und Dissens (Schwertl & Staubach, 1997) kann als wichtige Komponente des Konstrukts der „Systemkompetenz" gelten (Manteufel & Schiepek, 1998).

- Werden Unternehmensphilosophien „von oben" angeordnet, kann dies leicht – anstatt Entlastung und Orientierung zu bieten – als Bedrohung der eigenen Autonomie empfunden und entsprechend mit Widerstand beantwortet werden. Brehm (1966) hat dieses Phänomen im Rahmen der Reaktanz-Theorie beschrieben. Wird jemand in seiner Freiheit eingeschränkt, so entsteht der Wunsch, diese wiederherzustellen (Reaktanz-Motivation). Antikonformes Verhalten wird als Versuch gedeutet, die eigene Wahl- und Entscheidungsfreiheit wiederzugewinnen. Neben direkten Reaktionen auf die Einengung (Opposition oder Aggression) werden auch indirekte Reaktanz-Effekte (z.B. Attraktivitätsveränderungen) beschrieben (Gniech, 1993).

In ihrer Studie *The Ideological Community as an Antidote to Burnout in the Human Services* weisen Cherniss und Krantz (1983) auf den positiven Einfluß hin, den eine gemeinsame weltanschauliche Basis auf die Vermeidung von Burnout haben kann. Im Vergleich zwischen einer von katholischen Ordensfrauen und einer von nicht religiös gebundenen professionellen HelferInnen geführten Behinderteneinrichtung zeigten sich die Ordensfrauen weniger burnout-anfällig, obwohl ihre Arbeitsstruktur durch hohe Arbeitslast, fehlende Trennung von Arbeits- und Privatleben und lange Arbeitszeiten geprägt war: „Ihre Arbeit ist nicht einfach ein großer Teil ihres Lebens; sie ist ihr ganzes Leben" (Cherniss & Krantz, 1983, S. 199). Die Autoren ziehen den Schluß, daß eine gemeinsame Verpflichtung und moralische Zielbindung einen „burnout-immunisierenden" Effekt habe. Trotzdem dürfte der völlige Verzicht auf eine Trennung zwischen Beruf und Privatleben nicht zu empfehlen sein: „Ideologische Gemeinschaften [werden] dann zur ‚Falle', wenn sie zu repressiv-autoritären Systemen mutieren oder aufgrund ihrer Abschottung nach außen innerlich stagnieren" (Wagner, 1993, S. 49).

Anhaltende Belastungen schlagen sich sukzessive in Einstellungs- und Verhaltensänderungen nieder: Herunterschrauben gesteckter Ziele, Ablehnung persönlicher Verantwortung für die Gestaltung der Arbeit, verstärkte Orientierung an außerberuflichen Bezügen und Kontakten, Verlust von Idealismus, was oft mit ernüchterten Einschätzungen von Veränderungsmöglichkeiten der Klienten wie der Institution einher geht, sowie zunehmende Orientierung an Sicherheiten. Cherniss (1980a, S. 210) berichtet von einem Lehrer, welcher zu Beginn eines neuen Schuljahres nach der von ihm selbst anfangs abgelehnten, später aber praktizierten Faustregel handelte: „Bis Weihnachten nicht lächeln".

Viele dieser Veränderungen bzw. Korrektive sollten nicht ausschließlich negativ bewertet werden, ja sie erscheinen zum Teil sogar notwendig. Was da als Burnout daherkommt, als Krise und Verlust, mag unter anderem Blickwinkel eine „Neukalibrierung", ein Sich-Einstellen auf das Machbare und Lebbare, auf den Boden eines ausgewogenen Realismus bedeuten. Gilt es doch im Leben mehr als nur *einen* Anspruch – z.B. beruflichen Erfolg oder das Wohlergehen von KlientInnen – auf die Reihe zu bekommen.

Cherniss schätzt mit seinem organisationssoziologischen Blick solche individuellen Strategien trotzdem und ziemlich ausschließlich als Krisenindikatoren ein. Der im Kontext von Organisationen und Tätigkeitsstrukturen erzeugte Streß sollte in den Kontexten, in denen er entsteht, mit geeigneten Maßnahmen bearbeitet werden. Individuelle Problemlösestrategien seien zwar nicht sinnlos, setzten aber nicht radikal, nicht nah genug an den Wurzeln des Problems an: „Der Brennpunkt der Intervention muß sich letztes Endes auf das Arbeitssetting richten" (a.a.O., S. 227).

Dieser Forderung entsprechend ist bei Cherniss, anders als bei den meisten anderen Autoren, nicht die einzelne professionelle HelferIn Adressat von Burnout-Präventionsstrategien, sondern die Führungsstruktur von Organisationen. Seine Anregungen: Was die Personalentwicklung betrifft sollten die Angestellten dazu ermutigt werden, sich selbst realistische Ziele zu setzen und diese auch zu überprüfen. Weiterhin sollten betriebliche Weiterbildungsmaßnahmen angeboten, Mitarbeitergruppen und Netzwerke unterstützt und arbeitsbezogene Beratungsgespräche ermöglicht werden. Zur Veränderung von Arbeits- und Rollenstrukturen wird die Bedeutung folgender Punkte betont: Gleichmäßige Verteilung der Arbeitslast, Rotieren von besonders schwierigen Aufgaben (job rotation), Tagesstrukturierung durch Abwechslung von angenehmen und unangenehmen Aufgaben, begrenzte Arbeitszeit, Urlaub und Auszeiten (eventuell ermöglicht durch die Einstellung zusätzlichen Personals), Aufstiegschancen für alle. Für die Managemententwicklung wird angeregt, leitendes Personal gerade in solchen Bereichen zu fördern, in denen Schwierigkeiten bestehen und es in Überprüfungs- und Rückmeldesysteme einzubinden (Qualitätszirkel). Auf institutioneller Ebene liegt besonderes Augenmerk auf Entscheidungsprozessen unter weitgehender Mitbeteiligung und Autonomie der MitarbeiterInnen. Schließlich wird die Notwendigkeit klarer Zielformulierungen, überzeugender Arbeitsphilosophien, konzeptioneller Weiterentwicklung und begleitender Forschung betont (Cherniss, 1980b, S. 184ff.). Auf die Relevanz eines konstruktiven Umgangs mit Dissens und Konflikten im Rahmen eines fehlerfreundlichen Klimas wurde bereits hingewiesen.

Individuumzentrierte Ansätze

„Individuumzentriert" sind solche Konzepte, welche die Ursachen von Burnout vorwiegend in der Person oder noch deutlicher: in der Persönlichkeit der HelferIn begründet sehen. Ausgehend von der Beobachtung, daß manche professionelle HelferInnen trotz starker Arbeitsbelastung nicht ausbrennen, werden paradoxerweise im Kontrast dazu die besonders anfälligen Helferpersönlichkeiten beschrieben. Es scheint naheliegend, daß diese Sichtweise besonders im psychoanalytischen Lager Gefallen findet, so zum Beispiel bei Freudenberger (1974), Fischer (1983) oder Schmidbauer (1977). Selten dagegen sind resilienz- oder salutogenetisch orientierte Darstellungen der robusten Helferpersönlichkeit. (Auch wir wollen weniger auf die Persönlichkeitsmerkmale robuster Helfer hinaus, sondern auf die von *allen* praktizierbare Selbstsorge und auf die Möglichkeiten der Gestaltung des Lebensstils, s. Teil II).

Die (Über-)Engagierten

Freudenberger, der häufig zitiert wird, weil er als einer der ersten den Begriff „Burnnout" in Umlauf gebracht hat, stellt die Frage nach dem für Burnout besonders anfälligen Persönlichkeitstyp. Antwort: „Die Pflichtbewußten und Engagierten" (1974, S. 161). „Pflichtbewußt und engagiert" sind Personen, die zu viel, zu lange und zu intensiv arbeiten. Grund dafür sei eine

Kombination aus innerem und äußerem Druck, helfen und sich engagieren zu wollen. Als Motiv für solch außergewöhnliche Hilfsbereitschaft vermutet er Defizite im persönlichen Umfeld: „Hat er/sie sonst nichts zu tun? Macht er/sie die Institution zu einem zweiten Zuhause?". Folgerichtig schlägt er als primäre Präventionsmaßnahme neben Jobrotation und ausreichend arbeitsfreier Zeit vor, bereits bei der Auswahl der AusbildungskandidatInnen solche abzulehnen, die vermutlich aufgrund eigener Defizite helfen wollen und von vornehrein erschöpft wirken – unseres Erachtens höchst unscharfe Kriterien mit fragwürdiger prognostischer Validität. Daneben moniert er den Verlust von Idealen als Bedingung und Merkmal von Burnout, ohne jedoch zu erläutern, wie dies mit der Person der HelferInnen in Zusammenhang stehen sollte. Ist Burnout bereits eingetreten, bestehe die wichtigste Maßnahme darin, die betroffene Person in Urlaub zu schicken, damit sie die erschöpften Reserven auftanken könne. Besonders unterstrichen wird die Notwendigkeit, burnout-bedingte Fehlzeiten nicht als Versagen zu werten und emotionale Unterstützung anzubieten.

Das labile Selbstwertgefühl

Die Bedeutung des Selbstwertgefühls professioneller HelferInnen wird insbesondere von Fischer (z.B. 1983) hervorgehoben. Er stützt sich dabei auf seine Erfahrungen mit drei Analysanden, die er als „burned out" bezeichnet und die ihn zu einer Unterscheidung zwischen „burned out" und „worn out" veranlassen. „Worn out" sind Personen, die sich aufgrund des Arbeitssettings überfordert fühlen und darüber klagen. Anders bei „Burnout": „Die wahren Burnout-Opfer machen in märtyrerhafter Haltung weiter" (S. 42). Es handle sich um Menschen, die im Grunde ein sehr labiles Selbstwertgefühl haben und es deshalb über den Weg der Hilfeleistung für andere stärken (wollen). Über das Helfen nähren sie die Illusion der eigenen Grandiosität. Subjektiv sei darum ihr Selbstwertgefühl „gut". Alles, was diesen Erfolg schmälern könnte, werde mit noch härterer Arbeit beantwortet: „Es scheint so, daß Menschen, wenn sie eine Wahl treffen müssen, häufig ihr Selbstwertgefühl höher als ihre physische Existenz bewerten" (Fischer, 1983, S. 45). Fischer beschreibt, wie er sich zu Anfang seiner Begegnung mit an Burnout leidenden Analysanden bemüht habe, ihnen zu vermitteln, daß er ihre Lage für bedenklich halte, worauf diese ihren Arbeitseinsatz weiter steigerten. Erst als er seine Strategie änderte, indem er seinen Klienten Anerkennung für ihren hohen Arbeitseinsatz zollte, konnten diese sich mehr Entspannung zugestehen.

Folgt man kognitiven, motivationalen und sozialpsychologischen Theorien der Selbstdarstellung (z.B. Mummendey, 1990), ist das Bemühen um eine möglichst positive Selbstdarstellung sicher keine pathologische Erscheinung zur Kompensation von Selbstwertmängeln. Es handelt sich vielmehr um alltägliche Prozesse der Selbstwertregulation. Das „Self-Evaluation Maintenance-Model" von Tesser (1980, 1988) beispielsweise „macht die einfache und allgemeine Annahme, daß Menschen sich so verhalten, daß sie ihre Selbstbewertung aufrechterhalten oder erhöhen, und daß die Beziehungen zu anderen Personen bedeutsame Auswirkungen auf die Selbstbewertung besitzen" (Mummendey, 1990, S. 112). Selbstdarstellung (Impression-Management) steht im Dienst der Selbstwertregulation.

Nach Tedeschi et al. (1985) kann zwischen assertiven und defensiven Strategien der Selbstdarstellung unterschieden werden. Zu den assertiven Strategien gehört das aktive Bemühen, die eigene Kompetenz, Attraktivität, usw. herauszustellen, während defensive Strategien eher entschuldigenden Charakter, zum Beispiel für nicht oder schlecht erbrachte Leistung haben. Defensive Selbstdarstellung kann dabei die Form des „Self-Handicapping" annehmen, also zu Selbstschädigung und/oder Selbstblockaden führen – mit der (oft sicher nur zum Teil bewußten) Intention, für das eigene Handeln nicht (voll) verantwortlich zu sein oder sich jedenfalls nicht verantwortlich fühlen zu müssen („Krankheitsgewinn"). Diese in der Selbstdarstellungsforschung beschriebenen Strategien lassen sich mit den von Fischer analysierten Abwehrformen (Formen des Selbstwertschutzes) – die Betroffenen stellen sich kompetent dar und schädigen sich gleichzeitig selbst – nur bedingt zur Deckung bringen. Was allerdings deutlich wird, ist, daß Selbstwertgefühle interaktionell reguliert werden (Satir, 1975) und daß dies in professionellen Beziehungen sowohl für KlientInnen- wie für HelferInnen eine zentrale Rolle spielt.

Die hilflosen Helfer

Im deutschen Sprachraum sind die sogenannten „Hilflosen Helfer" zum geflügelten Wort geworden. „Das Helfer-Syndrom, die zur Persönlichkeitsstruktur gewordene Unfähigkeit, eigene Gefühle und Bedürfnisse zu äußern, verbunden mit einer scheinbar omnipotenten, unangreifbaren Fassade im Bereich der sozialen Dienstleistungen, ist sehr weit verbreitet" (Schmidbauer, 1977, S. 12). Es handelt sich bei Schmidbauers Analyse des Helfersyndroms zwar nicht um ein Burnout-Konzept im engeren Sinne, doch bringt er es in einer späteren Publikation (1983) durchaus mit Burnout in Verbindung. Helfen, so sagt er, sei eine Art legaler Droge, ein Suchtmittel, auf das die professionelle

HelferIn nicht verzichten könne. Dieser Mißbrauch führe auf die Dauer zum Abstumpfen, wofür er synonym die Bezeichnung „Burnout" verwendet.

Die destruktive Dynamik, die sich zwischen HelferIn und KlientIn entfalten könne, sieht Schmidbauer durch den biographischen Hintergrund der HelferIn bedingt. Er erläutert seine Thesen anhand von Falldarstellungen, die zum größten Teil aus Weiterbildungs- und Supervisionsgruppen stammen. Die meisten der vom Helfen „Abhängigen" könnten es nicht mit ihrem Selbstbild vereinbaren, selbst hilfsbedürftig zu sein. Hilfe könnten sie selbst nur unter dem Deckmantel von Aus- und Weiterbildung in Anspruch nehmen. Den emotionalen Zustand solcher HelferInnen beschreibt Schmidbauer mit einem drastischen Bild: „Ein verwahrlostes, hungriges Baby hinter einer starken, prächtigen Fassade" (1977, S. 15).

Der seelischen Problematik der hilflosen HelferInnen, auch als „narzißtische Störung" bezeichnet, liege typischerweise eine bewußt oder unbewußt ablehnende Haltung durch die Eltern während der Kindheit zugrunde. Das abgelehnte Kind versuche dies durch eine starke Identifizierung mit dem anspruchsvollen Über-Ich der Eltern zu kompensieren. Hieraus resultiere eine narzißtische Bedürftigkeit, eine lebenslange Unersättlichkeit, die jedoch nicht direkt, sondern quasi getarnt zum Ausdruck komme: Gleichwertige Beziehungen würden zugunsten asymmetrischer Beziehungen, in denen die HelferIn immer die Rolle der Gebenden innehat, vermieden. Ein Gegenüber, welches sich dieser Asymmetrie zu entziehen sucht, weil es keine Hilfe braucht oder diese aus anderen Gründen ablehnt, werde die indirekten Aggressionen der hilflosen HelferIn zu spüren bekommen (Schmidbauer, 1977, S. 92). Die hergestellte Verbindung zwischen Helfer-Syndrom und narzißtischer Störung wirkt allerdings durchaus überzeichnet. Nicht jede narzißtische Störung manifestiert sich in einem Helfer-Syndrom, und nicht jede Hilflosigkeit des Helfens hat etwas mit Narzißmus zu tun. Außerdem gibt es umfassendere Konzeptionen narzißtischer Störungen als die hier umrissene. Zur Entscheidung steht schließlich vor allem, ob man Burnout überhaupt mit persönlichkeitsbezogenen und zudem pathologisierenden Kategorien in Verbindung bringen möchte oder nicht.

In der Terminologie von Jörg Willi (1992) treffen sich die bedürftige HelferIn und der/die Hilfesuchende in einem gemeinsamen Grundkonflikt, nämlich ihrer ungestillten Bedürftigkeit, den sie in der sogenannten „oralen Kollusion" ausagieren – eine unheilvolle Komplizenschaft, da die HelferIn darauf angewiesen ist, daß der/die Hilfesuchende in der hilflosen Position verbleibt. Andererseits kränkt es sie wiederum, wenn sich trotz aller Bemühungen keine Fortschritte zeigen. Eine solche Konstellation führe dann zu Burnout, wenn die KlientIn ihren Part nicht mehr einhält, zunehmend unabhängiger wird und dem Hunger ihrer HelferIn nach Anerkennung keine Nahrung gibt.

Obwohl in der These vom „Hilflosen Helfer" sicher ein wahrer Kern steckt, steht sie in der Gefahr, einerseits die Machtposition mancher professioneller HelferInnen zu unterschätzen oder zu ignorieren und andererseits das Helfen insgesamt zu pathologisieren. Fengler (1991, S. 50f.) weist auf dieses Problem hin und schlägt vor, alternativ zu den „ohnmächtigen" HelferInnen doch besser von „verführbaren", „gefährdeten", „verstrickten" oder „belasteten" HelferInnen zu sprechen.

Burnout als Prozeß

Edelwich und Brodsky (1984) legen auf der Basis von Fallstudien ein vierstufiges Prozeßmodell von Burnout vor, dessen einzelne Phasen mehrmals durchlaufen werden können: Enthusiasmus, Stagnation, Frustration und Apathie. Die Phase enthusiastischer Begeisterung sei der Anfang des Ausbrennens, auch wenn es den Betroffenen subjektiv recht gut dabei geht. Sie arbeiten zu viel für zu wenig Geld. Unrealistische Erfolgserwartungen kombinieren sich mit einem strahlenden Idealbild von HelferInnen, das sich zum Teil aus der Erfahrung speist, selbst effiziente Hilfe erhalten zu haben. Das gelte in besonderem Maße für BeraterInnen im Selbsthilfebereich, die deshalb Interesse an der Beratungstätigkeit entwickelt haben, weil sie selbst z.B. suchtkrank waren und nun alle anderen aus der Abhängigkeit „retten" wollen. Basis dieses Enthusiasmus sei eine HelferInnen-Motivstruktur: der häufig geäußerte und meist ehrlich gemeinte Wunsch, für andere Menschen unterstützend dazusein. Dahinter stünden jedoch latente Bedürfnisse nach Selbstwerterhöhung: Der Wunsch, etwas über sich selbst zu erfahren, die eigene Therapiebedürftigkeit zu befriedigen, ohne sich selbst in die Position der KlientIn begeben zu müssen und der Wunsch, Kontrolle auszuüben, sich selbst als mächtig zu erleben.

Das Stadium der Stagnation beginnt, wenn die Diskrepanz zwischen „Helfen wollen" und „Helfen können" deutlich wird, es (bei vorliegenden oder oft auch fehlenden Überprüfungskriterien) an Erfolgen zu mangeln beginnt oder sich die KlientInnen, KollegInnen und das gesamte Arbeitssetting als weniger belohnend erweisen, als anfangs erhofft. Der Wert der Arbeit wird dann zugunsten anderer Lebensbereiche relativiert. Extrinsische Belohnungen wie angemessene Bezahlung und Sozialprestige bleiben aus, was im Gegensatz zur enthusiastischen Anfangsphase als negativ empfunden wird. Eine allgemeine Desillusionierung setzt ein, die ins Stadium der Frustration übergeht: „Frustration ist der Kernpunkt des Burnout" (Edelwich & Brodsky, 1984, S. 107).

Im Stadium der Frustration werden besonders die eigene Einflußlosigkeit und blockierende systemimmanente Beschränkungen deutlich erlebt. Hinzu kommen psychosomatische Beschwerden. Im Stadium der Frustration liegt nach Edelwich und Brodsky der günstigste Moment für einen Ausstieg aus dem Burnoutprozeß. In den beiden vorherigen Stadien ist zunächst kein Leidensdruck vorhanden. Im Gegenteil: Warnenden Stimmen begegnen EnthusiastInnen mit Verständnislosigkeit und Argwohn. Setzt Stagnation ein, versucht die/der Betroffene zunächst, diesen Zustand durch Veränderungen der Arbeitsstrategien zu bewältigen, bevor die frustrierende Einsicht greift, daß auch dieser Weg nicht weiterführt. Frustrationserfahrungen können als Wendepunkt genutzt werden und zum Beispiel als Katalysator für berufliche Weiterbildung fungieren.

Als kontraproduktiv erweisen sich dagegen meist verstärkte Bemühungen bzw. noch intensiverer Einsatz für aussichtslose Ziele. Dieses Stadium ist vor allem durch Gleichgültigkeit gegenüber KlientInnen, KollegInnen und früheren Arbeitszielen gekennzeichnet. Aus diesem Stadium ist nur schwer herauszufinden. Darüber hinaus kann die persönliche Apathie auch ganze Teams anstecken, was zu einem resignativen und/oder zynischen Gesamtklima führt. Hinzukommende neue MitarbeiterInnen, deren Engagement leicht als Angriff auf die eigene, von Desillusionierung geprägte Haltung gewertet wird, können dann um so leichter in den Prozeß des Ausbrennens hineingezogen werden. Als Interventionsstrategien schlagen Edelwich und Brodsky in erster Linie vor, die jeweiligen Arbeitsbedingungen im Sinne der von ihnen befürworteten „Realitätstherapie" als Ausgangsbasis für alles weitere Handeln zu akzeptieren und dann ausschließlich die Verantwortung für sich selbst zu übernehmen. „Nichts ist wichtiger für den Umgang mit Burnout, als zu wissen, welche Verantwortung man hat und welche nicht. Man ist nicht für den Klienten oder die Institution verantwortlich, aber man ist für sich selbst verantwortlich" (S. 212f.).

Passung zwischen Motivstruktur und Tätigkeitsfeld

Deutlich weniger defizitorientiert als die stark psychologisierenden individuumzentrierten Burnout-Konzepte sind Modelle, welche die Interaktion zwischen Individuum und Umgebung, insbesondere dem Arbeitssetting in den Blick nehmen. Konzepte des Person-Environment-Fitting beruhen auf der Grundannahme von Passung und Korrespondenz: Weder gibt es eine „eigentlich" kompetente Person, die jedoch leider auf einen grundsätzlich überfordernden Arbeitsplatz trifft, noch wird eine „eigentlich" zu bewältigende Arbeitsaufgabe nur deshalb nicht gemeistert, weil die ArbeitsplatzinhaberIn inkompetent oder unreif ist. Es geht vielmehr jeweils darum, ob Person und Arbeitsumgebung zueinander passen. Burnout wäre demnach eine unvermeidliche Folge eines „Person-Environment-Misfit" (Burisch, 1994, S. 67ff.). Ein Beispiel hierzu liefert Cherniss (1980a). Er unterscheidet seine InterviewpartnerInnen hinsichtlich ihrer Art der Arbeitsorientierung in „Karrieristen", „sozial Engagierte", „Kunsthandwerker" und „Freischaffende". Je nach Ausgangsmotiv bringt der Arbeitsplatz mit seinen Anforderungen Befriedigung oder Frustration mit sich. Divergieren Arbeitsplatzstruktur und Arbeitsorientierung, so führe dies über kurz oder lang entweder zu einer Veränderung der individuellen Arbeitsorientierung oder zur Aufgabe des Arbeitsplatzes.

Zielorientierung und Feedback

Heifetz und Bersani (1983) sehen Burnout durch Störungen im Prozeß der Informationsverarbeitung verursacht. Im Mittelpunkt ihres Ansatzes steht der Umgang mit Zielen. Burnout könne – so die Autoren – nicht auftreten, wenn der Prozeß zwischen Zielformulierung und (erfolgreicher) Zielerreichung ungestört verlaufe. Da Arbeitszufriedenheit immer auf dem Erreichen von Zielen beruht, ist es zunächst wichtig, über klare, überprüfbare Ziele zu verfügen. Besonders in Arbeitszusammenhängen, in denen eine völlige Gesundung oder Rehabilitation von KlientInnen realistischerweise selten oder nicht zu erwarten ist, zum Beispiel bei der Arbeit mit Langzeitbehinderten oder mit Sterbenden, ist es wichtig, die eigenen Zielvorstellungen an die Entwicklungsmöglichkeiten der KlientInnen anzupassen. Abgesehen von unerreichbaren Zielen sind auch allzu globale und mehrdeutige Ziele, wie „persönliches Wachstum" aufgrund ihrer Nicht-Überprüfbarkeit problematisch. Statt dessen erscheint es sinnvoller, wünschenswerte Teilziele – möglichst gemeinsam mit den KlientInnen – zu erarbeiten und zu benennen. Auch um umgekehrt nicht vorschnell nur langfri-

90

stig erreichbare Ziele aufzugeben, gleichzeitig aber keine unnötigen Energien in unerreichbare Ziele zu stecken, ist ein Feedback-System unerläßlich, welches kurzfristig erreichbare Mei-
lensteine enthält. Jeder erreichte Meilenstein verschafft ein
Erfolgserlebnis und vermittelt allen Beteiligten Befriedigung.
Darüber hinaus erlaubt das Feedback-System eine kontinuierli-
che Orientierung: Jedes mit dem langfristigen Ziel verbundene
und erreichte kurzfristige Teilziel gibt gleichzeitig die Informa-
tion, daß der eingeschlagene Weg sinnvoll und lohnend ist.
Auch nicht erreichte Ziele bieten Orientierung: Die Beteiligten
können so schon relativ frühzeitig die Mittel, die zum Ziel
führen sollten, variieren oder das (Teil-)Ziel selbst revidieren.
Eine häufig auftretende Schwierigkeit, nämlich die Problemori-
entierung vieler KlientInnen, die sowohl in den Augen der
HelferInnen als auch in ihrer eigenen Wahrnehmung das bereits
Erreichte entwerten kann, wird in Zielperspektiven umgedeu-
tet: „Fortschritt kann nun über die erreichten Ziele definiert
werden, während Probleme in ‚noch zu erreichende Ziele'
umbenannt werden" (Heifetz & Bersani, 1983, S. 59).

Neben der Konzentration auf die zu erreichenden Ziele der KlientInnen sprechen Heifetz und Bersani auch das Bedürfnis der
professionellen HelferInnen nach einem Arbeitsbereich an, der
eigenes Wachstum ermöglicht. Zielvorstellung ist ein angemes-
senes Gleichgewicht zwischen Aufgaben und persönlichen
Fähigkeiten. Unter Zugrundelegung eines Kontinuums zwischen Langeweile, Entspannung, Forderung und Überforderung
sieht nach Heifetz und Bersani ein idealer Arbeitsplatz so aus:
Die Mehrzahl der Aufgaben sind entspannt zu bewältigen. Daneben gibt es aber auch einige Routinetätigkeiten (Langeweile)
und einige Herausforderungen. Da sich das Niveau, auf dem die

professionelle HelferIn entspannt arbeiten kann, kontinuierlich
verändert, ist im Sinne des Wohlergehens aller Beteiligten eine
flexible Arbeitsteilung unabdingbar. Freilich setzt ein solcher
Ansatz auch die Bereitschaft der professionellen HelferIn voraus, tatsächlich in einer ihr zuträglichen Weise arbeiten zu wollen. Diese Bereitschaft kann jedoch – wie bereits erörtert – nicht
immer vorausgesetzt werden: Wenn (Selbst-)Überforderungen
im Dienste der Selbstwertregulation stehen, wird auch mit einer
optimalen Aufgabenverteilung nicht viel zu erreichen sein.

Problematisch an kybernetischen Feedback-Modellen sind ihre
Linearität und die damit verbundenen Kontrollillusionen. Wie
bereits erwähnt, sind in komplexen psychosozialen Arbeitsfeldern Probleme oft nicht durch gezielte Interventionen von einem
unerwünschten Ist-Zustand in einen erwünschten Soll-Zustand
zu überführen. Die Wirkung von Maßnahmen ist aufgrund der
Eigendynamik komplexer Systeme nicht im vorhinein zu be-
rechnen – bestenfalls, wenn man Glück und Erfahrung hat, unscharf abzuschätzen, sicher aber nicht zu erzwingen.

Ansatzpunkte für Prävention und Empowerment

Smith und Nelson (1983) haben die gängige Literatur zur
Burnout-Forschung hinsichtlich der dort am häufigsten zitierten
Präventionsstrategien analysiert. Ergebnis der Sichtung von insgesamt 15 verschiedenen Quellen: Die Orientierung an individuumzentrierten Maßnahmen überwiegt. Auch Enzmann und Kleiber (1989, S. 184ff.) legen eine ausführliche Auflistung von Strategien der Burnout-Prophylaxe vor und kommen zu einem

ähnlichen Ergebnis. Der Schwerpunkt liegt, jedenfalls quantitativ, auf individuumzentrierten Maßnahmen. Umfangreiche Präventionsvorschläge wurden von Pfahler und Schmelzer (1991) ausgearbeitet und richten sich speziell an verhaltenstherapeutisch orientierte PsychotherapeutInnen. Die Autoren beziehen sich gleichermaßen auf wünschenswerte Veränderungen von personinternen Faktoren und Kompetenzen (z.B. „Klären eigener Motive für die Berufsausübung", „systematisches Training in Selbstmanagement, Problemlösen und Entscheiden", „aktives Bemühen um die eigene physische und psychische Gesundheit", „eigene Stärken und Ressourcen nutzen"), wie auf organisationale und strukturelle Bedingungen (z.B. „die Beschäftigung mit beruflichem Streß und Burnout institutionalisieren", „Veränderung der unmittelbaren Arbeitsumgebung", „(selbst-)kritische Analyse des psychosozialen Versorgungssystems", „Reduzieren kollektiver Mißstände").

Im Rahmen der Darstellung verschiedener Burnout-Konzeptionen wurden bislang schon einige aus dem Blickwinkel der jeweiligen Konzeption heraus naheliegende Präventionsstrategien angesprochen. Legt man die häufig vorgenommene Unterscheidung zwischen einer gesellschaftlichen, einer institutionell/organisationalen und einer individuellen Ebene zugrunde, so lassen sich diese wie folgt gruppieren:

Bezogen auf die gesellschaftliche Ebene wird meist an politisches Handeln gedacht: Maßnahmen zur Reduktion der Arbeitslosigkeit von professionellen HelferInnen, Gründung bzw. Stärkung von Interessens- und Berufsverbänden, Aufbau tragfähiger Netzwerke, Kooperation mit HandlungsträgerInnen aus Politik, Einrichtungsträgern und Fachverbänden, sowie Relativierung und Korrektur übersteigerter Erwartungen der Öffentlichkeit an die Möglichkeiten professioneller HelferInnen.

Auf der Ebene von Institutionen und Organisationen ist vor allem an eine sinnvolle Gestaltung der Arbeitsbedingungen zu denken, wobei unter anderem die ausführlichen Vorschläge von Cherniss (1980b) zur Personal-, Management- und Institutionsentwicklung an die Adresse der „Führungsebene" von Bedeutung sind. Genannt werden dort z.B.: Regelmäßige Supervision, Weiterbildungsangebote, Vielfalt der Arbeit (Job-Enrichment), vollständige Arbeitsabläufe (Job-Enlargement), Mitbestimmungsmöglichkeiten, klare Kompetenzen und Zuständigkeiten, ansprechende Gestaltung der Arbeitsumgebung, angemessene ökonomische Bedingungen, Orientierungsphase für BerufsanfängerInnen.

Auf der individuellen Ebene geht es um den persönlichen Umgang mit Streß (Zeitplanung, Entspannungstrainigs, körperliche Bewegung, Trennung von Arbeit und Freizeit, Humor) und die Auseinandersetzung mit problematischen Eigenanteilen, welche die Entstehung von Burnout begünstigen. Aus dieser Schwerpunktsetzung ergibt sich, daß wirkungsvolle Präventionsstrategien in individuellen Maßnahmen zur Psychohygiene (vgl. z.B. Fengler, 1995; Meyer, 1991) und/oder in Eigentherapie bestehen würden.

Im folgenden sollen zwei Präventionskonzepte diskutieren werden, die zumindest potentiell auf jeder der dargestellten Ebenen wirken können: Systemkompetenz und Supervision.

Systemkompetenz

Wiederholt und in unterschiedlichen Zusammenhängen stießen wir auf die Notwendigkeit, mit den Eigenheiten und Spezifika komplexer Systeme qualifiziert umzugehen, um einerseits hochwertige psychosoziale Arbeit zu leisten und um andererseits bei dieser Arbeit nicht permanent emotionalem Streß ausgesetzt zu sein. Insofern kann der Erwerb von Kompetenzen im Umgang mit der Komplexität, Intransparenz, Eigendynamik und Ambiguität von sozialen Systemen (Systemkompetenz) als Präventionsstrategie gegen Burnout bezeichnet werden (Schiepek, 1997a,b).

Die Anerkennung von Unüberschaubarkeit und Komplexität in psychosozialen Handlungsfeldern kann selbst schon entlasten: „Wenn klar wird, daß lineare Steuerungsversuche zu nicht viel mehr als zum Magengeschwür des Kontrolleurs führen, dann kann dieser vielleicht, statt wie bisher mehr desselben zu tun, für einen Moment die Kontrolle aufgeben. Wenn klar wird, daß Versuche der Fremd-Autonomisierung zu Paradoxien führen und instruktive Eingriffe unmöglich sind, dann kann der schweißgebadete Sozialtechniker für einen Moment die Verantwortung abgeben und genau dadurch die Möglichkeit schaffen, daß die Betroffenen sie selbst übernehmen" (Schiepek, 1991, S. 15). Positiv formuliert bedeutet Systemkompetenz – auf das Individuum bezogen – die „Fähigkeit [...], sich in komplexen sozialen Systemzusammenhängen zu orientieren, sowie aktiv und zielgerichtet in die Systemdynamik einzugreifen" (Manteufel & Schiepek, 1994a, S. 204). Es geht um das Abstecken von Grenzen und Möglichkeiten. Erst der Einbezug von Grenzen eröffnet den Raum der Möglichkeiten. Um diesen Möglichkeitsraum zu eröffnen und zu gestalten, sind kognitive, soziale und emotionale Kompetenzen gefragt.

Es lassen sich sechs Facetten individueller Sytemkompetenz unterscheiden, zwischen denen es vielfältige Überschneidungen und Querbezüge gibt:

I. Berücksichtigung von Sozialstrukturen und Kontexten

I.1 Kompetenz-, Rollen-, Aufgaben- und Auftagsklärung, Klärung von Erwartungen

I.2 Erfahrung in der Arbeit mit Teams, Teamfähigkeit

I.3 Delegieren können

I.4 Berücksichtigung von formellen und informellen Systemstrukturen und -regeln

I.5 didaktisch und inhaltlich überzeugende Präsentation

I.6 konstruktives Feedback geben

I.7 Spielregeln – z.B. von Institutionen – kennen und einhalten bzw. gezielt thematisieren

II. Umgang mit der Dimension Zeit

II.1 Die Eigendynamik von Systemen kennen und nutzen

II.2 Den „Kairos", die sensiblen Momente und „Aufnahmebereitschaften" erspüren, nutzen und fördern

II.3 Perspektiven, Orientierungen, Ziele entwickeln

II.4 Umgang mit den Grenzen von Planung, Vorhersage, Wachstum und Veränderungsmöglichkeiten

II.5 Wechsel zwischen Aktion und Reflexion

II.6 Geduld, warten können, sich Zeit nehmen, Zeitdruck vermeiden

II.7 Angemessene Taktung, z.B. „hinter dem Klienten bleiben"

II.8 Entwicklung von Prognosen, Kenntnis nichtlinearer Prozesse

II.9 Kenntnis von Familien- und Lebenszyklen

II.10 Frequenz von Sitzungen/Interventionen systemangemessen gestalten

II.11 Einladungen, Yes-Sets abwarten

II.12 Entkrampfter Umgang mit Irreversibilität, Unveränderbarkeit, Chronifizierung

II.13 Zeitrituale nutzen

III. Umgang mit der emotionalen Dimension

III.1 Selbstverstärkung, Genuß, die „Sorge um sich", Förderung der eigenen Lebensqualität

III.2 Vorhandene Kräfte und Energien nutzen (Empowerment, Jiu-Jitsu-Prinzip)

III.3 Fokussieren, konzentrieren (sich nicht verzetteln)

III.4 Beteiligungen, Zugehörigkeiten erzeugen, Schaffen von „Kulturen" und „corporate identities"

III.5 Umgang mit emotionalen Belastungen (z.B. Intransparenz, Zeitdruck, Mißerfolg, sozialen Konflikten), konkrete Coping-Strategien

III.6 Nutzung von Hilfen, Unterstützung, Informationen

III.7 Ambiguitätstoleranz (bei widersprüchlichen Wahr-
nehmungen und Wirklichkeitskonstruktionen, bei
Diskrepanzen zwischen formalen und informellen
Strukturen, bei Paradoxien, Unterschieden zwischen
hypothetischen und faktischen Realitäten, usw.)

III.8 Engagement, eigene Motivationsklärung (Leistung
nur, wenn man dahintersteht)

IV. Soziale Kontaktfähigkeit

IV.1 Verständliche Sprache

IV.2 Sensibilisierung für die Aufnahmebereitschaft der
Interaktionspartner

IV.3 Flexible Selbstdarstellung, Gespür für Sprache,
Regeln, Umgangsformen, Geschichte, Kulturen
(multikulturelle Perspektive)

IV.4 Berücksichtigung fremder Operationslogiken
(transferentielle Operationen, „Verstehen")

IV.5 Konfliktmanagement und Konfrontation

IV.6 Interdisziplinäre Kooperationskompetenz

IV.7 Unterstützung des Selbstwertgefühls (des eigenen und
dessen der Kooperationspartner)

V. Entwicklungsförderung, Schaffen von Selbstorganisa-
tionsbedingungen

V.1 Experimentieren (Selbstorganisations-Bedingung:
Fluk-tuationsverstärkung, Variationen schaffen)

V.2 Fehlerfreundlichkeit

V.3 Stabilitätsbedingung: Sicherheit in Zeiten kritischer Instabilität vermitteln

V.4 Heuristische Kompetenzen (Informationssuche, Suchraumerweiterung, Analogiebildung, Kompetenzerweiterung)

V.5 Nutzen von Ressourcenzuständen und Motivationen (Kontrollparameter-Äquivalente)

V.6 Synergitätsbewertung: Sinn in Krisen und Veränderungsprozessen vermitteln

VI. Theoriewissen und Methodenkompetenz

VI.1 Systemtheoretisches Wissen (z.B. Synergetik, Theorie nichtlinearer Systeme)

VI.2 Kenntnis wissenschaftlicher Methoden zur Analyse und Beschreibung von dynamischen Systemen (z.B. lineare und nichtlineare Zeitreihenanalyse; Computersimulationen)

VI.3 Modellierung – Anwendung diagnostischer Verfahren (Komplexitätsreduktion durch flexibel anpaßbare Modelle): Idiographische Systemmodellierung; Plananalyse; Rep-Grid; RLI; Ressourceninventar andere Fragebögen; zirkuläres Fragen; familiendiagnostische Methoden.

VI.4 Psychologische Grundlagen (z.B. Emotionsforschung; Sozialpsychologie, A&O)

VI.5 Soziologische Grundlagen (z.B. Soziologie von Lebensformen; Familiensoziologie)

VI.6 Biologische Grundlagen (z.B. Neurobiologie)

VI.7 Kenntnis und Kritikfähigkeit von Forschungsstrategien aus Psychologie, Psychotherapie und den Systemwissenschaften

VI.8 Kenntnis klinischer Störungsbilder; klinisches und ätiologisches Wissen

VI.9 Kenntnis von Methoden der Evaluation und Qualitätssicherung von Therapie und Beratung

Natürlich sind nicht alle Aspekte der Systemkompetenz unmittelbar für die Prävention von Burnout relevant, insbesondere nicht die stark theoriebezogene sechste Dimension. Dennoch gehen wir davon aus, daß eine umfassende Kompetenz im Umgang mit komplexen Systemen eine entscheidende Grundlage für die psychische Gesundheit von PraktikerInnen ist. Tatsächlich stellt das Programm der Systemkompetenz unter systemischer Perspektive ein Rahmenkonzept für die gesamte Ausbildung von PsychologInnen und PsychotherapeutInnen dar (Schiepek, 1999), und nicht nur einen Burnout-Präventionsansatz. Unserer Auffassung nach geht es darum, die Frage nach der Lebens- und Arbeitsqualität nicht isoliert zu betrachten, sondern in Aus- und Weiterbildungskonzepte zu integrieren.

Die sechs Dimensionen sind – wie gesagt – nicht scharf voneinander abzugrenzen. Die einzelnen Aspekte ergänzen sich, sind untereinander vernetzt und kommen auf unterschiedlichen Ebenen (z.B. Einzelperson, Team, gesamte Institution) zum Tragen. Systemkompetenz bedeutet in bewußt angelegter Doppeldeutigkeit immer gleichzeitig *Kompetenz eines Systems* (z.B. eines Teams) und *Kompetenz im Umgang mit einem System* (z.B. eines Individuums, das mit einem System arbeitet).

Zum Erwerb bzw. zur Reflexion und Erweiterung des Ausbildungsziels „Systemkompetenz" gibt es zahlreiche Möglichkeiten. Eine von mehreren, sich notwendigerweise ergänzenden Lernmethoden ist die Teilnahme an Systemspielen, welche sowohl eine unmittelbare Erfahrung als auch eine kritisch-distanzierte und umfassende Rekonstruktion der in (Multi-)HelferInnensystemen ablaufenden Prozesse ermöglichen (Manteufel & Schiepek, 1998). Systemspiele dienen der Life-Simulation unterschiedlicher Handlungsfelder. Sie unterscheiden sich von Planspielen einerseits und von psychodramatischen Methoden andererseits: Im Planspiel, einer aus der Gruppenpädagogik bekannten Methode, werden meist umfangreichere Rollenbeschreibungen vorgegeben, teilweise liegt auch das Spielziel schon fest. Im protagonistenzentrierten Psychodrama wird die Spielszene nach den Rollenanweisungen der Hauptperson gestaltet, im Gruppenpsychodrama entwickeln die TeilnehmerInnen ihre Rolle nach ihren eigenen Einfällen.

Im Systemspiel dagegen können die Beteiligten mit Handlungsmöglichkeiten experimentieren. Dadurch wird Raum für eigene Erfahrungen mit der sich entwickelnden Eigendynamik im Spielverlauf geschaffen: Für wenig praxiserfahrene SpielteilnehmerInnen (das dürfte für viele Studierende zutreffen) bietet das Systemspiel Gelegenheit, die Intransparenz, Vernetztheit und Komplexität sozialer Systeme unmittelbar kennenzulernen. Systemspiele fungieren somit als Bindeglied zwischen theoretischen Ausbildungsinhalten und Praxis. Der Aktionsphase des Spiels folgt eine ausführliche Reflexionsphase, in der die Beteiligten sich mit ihrer im Spielverlauf erlebten Systemkompetenz bzw. ihrem konkreten Handeln auseinandersetzen können (z.B. durch Feedback anderer TeilnehmerInnen) oder auch Handlungsalternativen für konkrete, als veränderungsbedürftig beurteilte Situationen entwickeln und im Rollenspiel erproben können. „Indem er seinen aktiven Anteil am Zustandekommen bestimmter sozialer Interaktionsmuster im System erkennt, erfährt sich der angehende Praktiker gerade nicht als den ‚Systemzwängen' hilflos ausgeliefert. Gleichzeitig aber lernt er auch die Grenzen gezielter Planung und Intervention in komplexen Sozialsystemen kennen" (Manteufel & Schiepek, 1994b, S. 72).

Da es in der psychosozialen Praxis sehr auf den Kontext des jeweiligen Handelns ankommt, sollte die Beurteilung und Reflexion individueller Systemkompetenz auf konkrete Situationen, Bezugssysteme, Zeitpunkte und Ziele bezogen sein. Dies kann zum Beispiel im Rahmen von Supervision geschehen.

Supervision

Supervision gilt als anerkannter Weg zur Qualitätssicherung in der psychosozialen und psychotherapeutischen Praxis. „Während man früher Supervision nur für Berufsanfänger vorsah, wählen heute auch erfahrene Helferinnen und Helfer mit langjähriger Berufspraxis, die ihren Alltag durchaus erfolgreich meistern, diese Form der sozialen Unterstützung. Supervision verliert damit den Charakter der Entwicklungshilfe für schwache Kandidaten im Berufsfeld" (Fengler, 1995, S. 82; vgl. auch Andersen, 1990; Plessen & Kaatz, 1985; Pühl, 1994; Schreyögg, 1991; Scobel, 1989. Bemerkung am Rande: Wie in einer Metaanalyse zur differentiellen Effektivität von Laien und Professionellen in der Psychotherapie festgestellt werden konnte, sind LaientherapeutInnen, besonders wenn sie unter Supervision arbeiten, mit ihren KlientInnen mindestens genauso erfolgreich wie professionelle PsychotherapeutInnen [Gunzelmann et al., 1987]).

Supervision ist, genau wie Therapie, ein Sammelbegriff, der divergierende Ansätze umfaßt. Sie findet in unterschiedlichen Arbeitsformen bzw. Settings statt: Einzel- und Gruppensupervision; kollegiale Supervision (auch „Intervision" genannt) oder Supervision unter Anleitung einer SupervisorIn; Supervision anhand von Fallberichten oder -dokumenten (z.B. Videoaufzeichnungen) und Life-Supervision, bei der die SupervisorIn direkt anwesend ist bzw. hinter einem Einwegspiegel sitzt; Balint-Gruppen; Teamsupervision, bei der sich der Reflexionsprozeß weniger auf die therapeutische Arbeit als auf die Dynamik und Strukturen im Team selbst bezieht, usw.

Ist Supervision in ihren vielfältigen Realisationsformen eine wirksame Präventionsstrategie gegen Burnout? Verschiedene Autoren sprechen der Supervision ausdrücklich diese Funktion zu (z.B. Auckenthaler & Kleiber, 1992; Burisch, 1994; Enzmann & Kleiber, 1989; Fengler, 1995; Wagner, 1993).

Supervision kann der emotionalen Entlastung, dem Aufbau bzw. der Verbesserung von Handlungskompetenzen, der Klärung der beruflichen Identität und dem Umgang mit Rollenambiguität und Erfolgsunsicherheit dienen; sie thematisiert also mehrere potentielle Burnout-Quellen, wobei je nach Ansatz unterschiedliche Funktionen der Supervision in den Vordergrund gestellt werden. Fengler (1995) sieht Supervision vor allem als Form sozialer Unterstützung, während Auckenthaler und Kleiber (1992) die burnout-präventive Wirkung eher in Bezug auf die Verringerung von Erfolgsunsicherheit betonen.

Allerdings ist allein die Tatsache, daß Supervision stattfindet, noch keine Garantie für ihre Wirksamkeit. Auckenthaler und Kleiber (1992, S. 25ff.) führen vor allem zwei Problembereiche an:

1. Supervision[5] hat neben einer entlastenden auch eine kritische Funktion. Insofern dabei die Arbeit kritisch hinterfragt wird, geht es auch um Kontrolle und Beurteilung, die für die SupervisandIn potentiell Streß, Angst und Belastung erhöhen statt verringern kann. Nicht jede/r ist jederzeit aufnahmebereit für kritische Rückmeldungen. Dies macht deutlich, wie wesentlich eine konstruktive, ressourcenfördernde und nicht abwertende Haltung der SupervisorIn ist.

2. Die Freiwilligkeit der Teilnahme an Supervision ist nicht immer vorauszusetzen. In Aus- und Weiterbildungskontexten gehört sie zum Pflichtprogramm, und auch darüber hinaus sind genügend Konstellationen möglich, in denen sich eine PraktikerIn zur Supervision genötigt fühlen könnte (z.B. bei einer Team-Entscheidung für Supervision per Mehrheitsbeschluß). „Vielen KollegInnen bleibt heute gar nichts anderes übrig, als in Supervision zu gehen, wenn sie sich nicht vorwerfen lassen möchten, daß sie sich um die Problematisierung beruflichen Handelns herumdrücken und daher wohl überhaupt schlechte Arbeit leisten. Am leichte-

---

[5] Hierzu ist die Bemerkung angebracht, daß im amerikanischen und deutschen Sprachgebrauch der Begriff Supervision unterschiedlich gebraucht wird: Im Amerikanischen wird unter einem „Supervisor" zwar auch derjenige verstanden, der berufliche Problemsituationen analysieren und klären hilft, aber im Unterschied zu deutschen Verhältnisse ist der Supervisor oft auch personell und/oder institutionell identisch mit dem Dienstvorgesetzen, der die Arbeit überwacht, kontrolliert und beurteilt.

sten ist es inzwischen, sich der Supervision *in* der Supervision zu entziehen – nach der Devise: ‚Mitmachen, aber dichtmachen' " (a.a.O., S. 26).

Die Kriterien, wann und unter welchen Voraussetzungen Supervision als nützlich und burnout-präventiv wirksam zu bewerten ist, sind sicherlich perspektivenabhängig. Dennoch gibt es u.E. einige Punkte, die berücksichtigt werden sollten, um Supervision konstruktiv und im Hinblick auf Burnout-Prävention sinnvoll zu gestalten:

- Freiwilligkeit der Teilnahme
- Fehlerfreundliches Klima
- Konsequente Orientierung am Anliegen und Auftrag der SupervisandIn
- Ausgewogenes Verhältnis von Entlastung und Kritik
- Ressourcenorientierte Grundhaltung
- ArbeitnehmerInnenfreundliche Rahmenbedingungen: Supervision sollte während der Arbeitszeit sattfinden und vom Arbeitgeber bezahlt werden
- Freie Wahl einer externen SupervisorIn
- Die Interessen der KlientInnen und der SupervisandInnen sollten nicht gegeneinander ausgespielt werden.

Ähnlich wie in anderen Bereichen der psychosozialen Praxis sind auch in der Supervision grundlegende Ambiguitäten angelegt, z.B. zwischen Unterstützung und Kontrolle. Daß Supervision trotzdem keine bierernste Angelegenheit sein muß, macht Ebbecke-Nohlen (1994) deutlich. Sie zeigt, daß Supervision ein von allen Beteiligten gemeinsam gestalteter Interaktionsprozeß ist, der im spielerischen Sinn Spaß machen darf. Und damit der Spaß auch aufkommt, gilt es, Supervisionsaufträge so auszuhandeln, daß alle Beteiligten dahinterstehen können (genau darin liegt bei Teamsupervisionen der Hase oft schon im Pfeffer) sowie die unterschiedlichen Bedeutungen und Funktionen zu berücksichtigen, die der Supervision in unterschiedlichen Kontexten explizit und implizit zugewiesen werden (z.B. Konfliktentschärfung in Teams, Entlastung, Durchsetzung neuer Konzepte, persönliche Anregungen und Impulse erhalten, Stärkung eines Teams im Kampf gegen andere Gruppierungen oder Vorgesetzte, Bearbeitung von Gegenübertragungen, etc.). Spannend wird es, wenn implizite und explizite Funktionszuweisungen bzw. Aufträge nicht zusammenpassen. Von den Funktionen, die ein Supervisionsprozeß übernehmen soll, hängen nämlich auch die Gestaltung und die Spielregeln dieses Prozesses ab. Hierzu gibt Ebbecke-Nohlen (1994) eine Reihe praxisnaher Anregungen: Anleitungen zum Supervisionsgenuß. Ein wesentlicher Punkt ist dabei – einmal mehr – die in der Dimension I der Systemkompetenz enthaltene Unterscheidung zwischen Kontexten: So wie das beste Dessert, vor dem Hauptgericht (z.B. Wild oder Fisch) serviert, den Appetit verderben kann, so können auch die Spielregeln der fallorientierten Supervision im Kontext der interaktionsorientierten Teamsupervision den Spaß verderben. Es gilt also, Teamaufträge, Leitungsaufträge, Weiterbildungsaufträge, Coachingaufträge, Fallsupervisionsaufträge usw. auseinanderzuhalten. Supervision – wie übrigens auch Therapie – ist eine Einladung mit vielen Optionen und Gesichtern.

II. Die „Sorge um sich"

„Ich halte es nicht für erforderlich,
genau zu wissen, was ich bin.
Das Wichtigste im Leben und in der Arbeit ist,
etwas zu werden, was man am Anfang nicht war."

Foucault und Martin (1982/1993, S. 15)

Selbstsorge:
Ein positiver Gegenbegriff zu Burnout

Bei vielen Dingen ist es leichter, einen Mißstand, einen Mangel oder ein Problem zu benennen, es von allen Seiten zu beleuchten und zu analysieren, kurz: deutlich zu machen, wie es *nicht* sein soll, als mit gleicher Deutlichkeit davon zu sprechen, *wie* es sein soll und wie das, was sein soll, zu erreichen ist. So auch im Fall von Burnout. Bisher wurde ausführlich darauf eingegangen, was Ausbrennen aus unterschiedlichen Perspektiven bedeuten könnte. Aber worin besteht die Alternative? Was bedeutet Nicht-Ausbrennen?

Mit der „Sorge um sich" möchten wir einen „Gegenbegriff" zu Burnout ins Spiel bringen, der uns zu einem Ausflug in eine Nachbardisziplin der Psychologie einlädt, in die Philosophie.

Die Sorge um sich, *Le Souci de Soi* war eines der zentralen Themen im Spätwerk des französischen Philosophen und Psychologen Michel Foucault. „Le Souci de Soi" steht für eine Haltung und das Verhalten eines Menschen, der es unternimmt, das eigene Leben zu gestalten, es nicht an fremden Normen und Vorstellungen zu orientieren, sondern ihm eine unverwechselbare eigene ästhetische Form zu geben. Eine solche Haltung der Existenz meint, schöpferisch tätig zu sein, bedeutet, die „Regierung" über sich selbst zu übernehmen und sich nicht von jemand oder etwas anderem regieren und bestimmen zu lassen. Dabei geht es nicht darum, die eigene Individualität zu entdecken – wenn das heißt, danach zu suchen, wer ich *eigentlich* bin –, sondern die eigene Existenz als Prozeß zu begreifen, dessen Ziel es ist, immer wieder die Perspektiven zu wechseln, andere Blickwinkel einzunehmen, anders zu denken und anders zu sein als vorher. Eine Haltung der „Sorge um sich" ist jedoch nicht zu verwechseln mit Beliebigkeit. Vielmehr bedeutet die Selbstsorge eine ernsthafte, beharrliche Arbeit an sich. Erst durch diesen Prozeß der Arbeit an sich selbst konstituiert sich das Subjekt; also nicht durch einen einmaligen Kraftakt, sondern durch beständiges Gestalten und Entwickeln eines eigenen Lebensstils. Ein solches Leben ist *Lebenskunst*. Die Arbeit an sich selbst mit Hilfe der Selbstsorge bringt die eigene Existenz als Kunstwerk hervor, ist wie ein Geburtsvorgang (vgl. Verres, 1997).

In der Psychologie ist der Begriff des „Lebensstils" mit dem Namen Alfred Adlers (1870-1937), dem Begründer der „Individualpsychologie" verbunden. Nach Adler (1978) formt sich der Lebensstil eines Menschen in den ersten fünf Lebensjahren, wobei die Kompensation von Minderwertigkeitsgefühlen, die Stellung in der Geschwisterreihe und der von den Eltern prakti-

zierte Erziehungsstil als besonders prägend gelten. Der Lebensstil hat maßgeblichen Einfluß auf die Gestaltung des ganzen
Lebens. Er ist auf die Zukunft, auf das Erreichen bestimmter
Ziele ausgerichtet. Insofern fragt die Individualpsychologie
nicht nach den Ursachen bestimmter Einzelheiten des Lebensstils, sondern nach deren Sinn im Kontext des gesamten Lebens-
plans. Es interessiert also eher, *wozu* ein Mensch depressiv,
phobisch etc. ist, als zu ergründen, *warum* das so ist. Ein „kranker" beziehungsweise „verfehlter" Lebensstil ist bei Adler vor
allem durch ein gestörtes Gemeinschaftsgefühl gekennzeichnet.
„Der normale Mensch ist ein Individuum, das in und mit der
Gesellschaft lebt und dessen Lebensweise derart angepaßt ist,
daß die Gesellschaft aus seiner Arbeit, ob er will oder nicht,
einen gewissen Nutzen zieht. Es hat auch vom psychologischen
Gesichtspunkt her gesehen genügend Energie und Mut, um die
Probleme und Schwierigkeiten zu meistern, die sich ihm in den
Weg stellen" (a.a.O., S. 56). (Vor diesem Hintergrund ist der
Name „Individualpsychologie" sicher eher irreführend, vgl.
Kriz, 1989, S. 50).

Im Gegensatz zu diesem individualpsychologischen Konzept
des Lebensstils ist der Lebensstil bei Foucault keineswegs etwas
(z.B. in der Kindheit) Festgelegtes, sondern ein kontinuierlicher
Prozeß der Selbstformung. „Kunst, die auf das eigene Leben
anzuwenden ist, um es zu strukturieren, zu formen und zu führen: Das eigene Leben als Gegenstand der Gestaltung, angeleitet
von der Sorge um sich, die das Verhältnis zu sich selbst und zu
anderen organisiert und den Stil der Existenz etabliert" (Schmid,
1992, S. 252).

Michel Foucault: Werk, Leben, Arbeitsweise

Michel Foucault wird 1926 in Poitiers als Sohn des Chirugen Paul Foucault und seiner Frau Anne Malapert geboren. Seine Schulzeit ist geprägt von der Bedrohung durch die politische Situation dieser Jahre: Der zweite Weltkrieg und – nach der deutschen Invasion – das Leben im Spannungsfeld von Kollaboration und Résistance (vgl. Eribon, 1991, S. 21-38). Nach dem Abitur studiert er gegen den Willen seines Vaters zunächst Philosophie, dann auch Psychologie. Zwei Jahre arbeitet er in einem psychiatrischen Krankenhaus, dem Hôpital St. Anne in Paris. Foucaults hier gewonnene Erfahrungen münden 1961 in eine seiner ersten Veröffentlichungen: „Histoire de la folie" („Wahnsinn und Gesellschaft", 1969). Daß Wahnsinn im Zeitalter der Vernunft nicht als eigenständige Erfahrungsform gelten darf, sondern als negative Kehrseite der Vernunft verurteilt und bekämpft wird, ist die Hauptthese dieses Buches (vgl. Marti, 1988, S. 14-23).

Nach wissenschaftlichen Aufenthalten in Uppsala, Warschau und Hamburg wird Foucault 1962 zunächst Professor an der Universität von Clermont-Ferrand. Eine Lehrtätigkeit in Tunis und die Leitung der philosophischen Abteilung der Universität in Vincennes folgen. 1966 erscheint sein populär gewordenes Buch „Les mots et les choses" („Die Ordnung der Dinge", 1971). Es geht ihm hier um die Wandelbarkeit des Fundaments des Menschen, welches sich jeweils in den Wissensformationen einer Epoche manifestiert. Im Mittelpunkt steht „nicht die Frage nach dem unveränderlichen Sein; sondern nach dem historischen Modus des Seins" (Schmid, 1992, S. 104). 1969 wird Foucault ans Collège de France, der „Gegenspielerin" der altehrwürdigen Sorbonne, gewählt. In das selbe Jahr fällt die Veröffentlichung von

„L'archéologie du savoir" („Die Archäologie des Wissens",
1973). Ab 1971 tritt Foucault mit politischem Engagement in
Erscheinung. Er gründet eine Gefängnis-Informationsgruppe
(GIP), informiert sich bei Auslandsaufenthalten über unterschiedliche Strafpraktiken. Sicherlich ist seine 1975 erschienene
Veröffentlichung „Surveiller et punir" („Überwachen und Strafen", 1976) vor diesem Hintergrund zu verstehen. 1978 ist er als
politischer Korrespondent im Iran für die italienische Tageszei-
tung „Corriere de la sera" tätig. Gemeinsam mit Bourdieu unterstützt er 1981 die polnische Oppositionsbewegung Solidar-
nosc und pflegt Kontakte zur französischen Arbeitergewerk-
schaft CFDT. Neben seiner Lehr- und Forschungstätigkeit am
Collège de France unternimmt er zahlreiche Auslandsreisen mit
Vortragstätigkeit in Brasilien, Japan, Kanada und den Vereinig-
ten Staaten. Seine letzte Reise führt ihn nach Berkeley, wo er ein
Seminar über die „Kunst des Regierens im 20. Jahrhundert" hält.

Im Laufe seines Lebens hat Foucault ein umfangreiches und
vielgestaltiges Werk geschaffen, wobei er unter anderem Bezug
auf Hölderlin, Heidegger und in besonderem Maße auf Nietzsche nimmt (vgl. Schmid, 1992, S. 163-222).

Im Vordergrund seines Interesses stand die Analyse der Diskon-
tinuität in der Verfassung des Wissens in unterschiedlichen historischen Epochen (vgl. Welsch, 1993, S. 139ff.). Er untersuch-
te die Wissensdiskurse und deren Brüche im Zusammenhang mit
Wahnsinn, Strafvollzug und Sexualität. Es geht Foucault dabei
nicht in erster Linie um diese Themenkomplexe als solche, sondern darum, wie mit Hilfe der jeweiligen Wissensdiskurse die
Wirklichkeit, die diese zu *beschreiben* vorgeben, erst und immer
wieder auf's Neue *konstruiert und konstituiert* wird. Als Bei-

spiel: Im Mittelpunkt der dreibändigen „Histoire de la sexualité" („Sexualität und Wahrheit", französische Originalausgaben 1976, 1984 und 1984) steht nicht das Interesse an der Sexualität und ihrer Praktiken, sondern die Analyse der Diskurse über die Sexualität. So heißt es in „Der Wille zum Wissen", dem ersten Band des dreibändigen Zyklus: „Vielmehr interessiert uns, *daß* man davon spricht, interessieren uns die Orte und Gesichtspunkte, von denen aus man spricht, die Institutionen, die zum Sprechen anreizen und das Gesagte speichern und verbreiten, kurz die globale ‚diskursive Tatsache', die ‚Diskursivierung' des Sexes" (Foucault, 1977, S. 21).

Schmid (1992, S. 11) benennt vier Schwerpunkte, über die sich Foucaults Arbeitsweise beschreiben läßt: „Foucault, der Historiker verschiedener Praktiken, denen das Subjekt unterworfen ist; der Archäologe der Ordnung der Dinge; der Analytiker der Macht; der Begründer der Ethik als Lebenskunst."

Am 25. Juni 1984 stirbt Foucault in Paris. Seine Veröffentlichungen und unveröffentlichten Schriften sowie Tonbandaufzeichnungen seiner Vorlesungen sind der/dem Interessierten im Foucault-Archiv in der Bibliothèque du Saulchoir in Paris zugänglich. Foucault selbst hat gewünscht, daß seine LeserInnen nicht seiner Person, sondern seinem Werk Aufmerksamkeit schenken, sich mit diesem Werk auseinandersetzen, mit ihm arbeiten. „‚Nicht einem einmal gewählten Weg treu bleiben, sondern möglichst viele Wege auskundschaften', ist Foucaults Devise gewesen. Mit der Sehnsucht nach dem Inkognito verbindet sich bei ihm die Lust am Experimentieren, denn die philosophische Tätigkeit darf nicht darin bestehen, das gesammelte Wissen zu behüten und zu verwalten, vielmehr soll sie neue Möglichkeiten des Denkens erproben" (Marti, 1988, S. 9).

„Le souci de soi" blieb Foucaults letztes Werk. Es erschien 1984, kurz vor seinem Tod als letzter Teil des dreibändigen Werkes „Sexualität und Wahrheit". Am Beispiel der Sexualität – einem besonders sensiblen Bereich – zeigt Foucault auf, wie wichtig es ist, sich um sich selbst zu kümmern, die Verantwortung für die Gestaltung des eigenen Lebens nicht in fremde Hände zu legen und sich nicht an von außen diktierten Moralvorstellungen zu orientieren. Der sorgfältige Umgang mit der eigenen Lust ist eingebettet in die intensiven Bemühungen, der eigenen Existenz in allen Lebensvollzügen ein unverwechselbares Gesicht zu verleihen. Das betrifft Körperpflege, Ernährungsweise, Wissenserwerb, Arbeit, Ausgestaltung der Beziehungen zu anderen, sei es im Privatleben oder in der Politik, bis hin zur Haltung gegenüber dem eigenen Tod. All das ist „Sorge um sich".

Diese Haltung stammt nicht von Foucault selbst, sondern findet sich bereits als „Epimeleia heautou" bzw. „Cura sui" in verschiedenen Quellen der Antike – von Sokrates bis zur Kaiserzeit, d.h. in den ersten beiden nachchristlichen Jahrhunderten. Die älteste der von Foucault dokumentierten Quellen ist der Dialog zwischen Sokrates und Alkibiades im „Symposion" von Platon[6].

---

[6] Sokrates (~470-399 v. Chr.) hat seine philosophischen Anschauungen nicht schriftlich niedergelegt: „Er hat nichts geschrieben, aber alles gelebt" (Hirschberger, 1982, S. 23). Platon (427-347) hat seinem Lehrer jedoch schriftliche Denkmäler gesetzt, zum Beispiel im „Symposium". Die Gesprächsführung des Sokrates ist berühmt für ihre „Hebammenkunst" (Maieutik), mit deren Hilfe er – in bester therapeutischer Manier – sein jeweiliges Gegenüber dazu brachte, die jeweils nötigen Erkenntnisse in und aus sich selbst zu entdecken. Dabei griff er auch manchmal nach der ihm eigenen Konfrontationstechnik, der Ironie.

Sinn dieser eigentlich historischen Arbeit ist nicht, den Leser mit Modellen richtigen oder moralisch wertvollen Handelns zu konfrontieren: So oder so zu handeln und zu denken sei der richtige Weg. Es geht Foucault vielmehr darum, anhand dieser Quellen die Aufmerksamkeit darauf zu lenken, daß jede/r Sorge darum tragen muß, sich eine *eigene* Ethik der Existenz zu erarbeiten (vgl. Schmid, 1992, S. 35), die als „Iterative Ethik" ihren Maßstab in der Beantwortung der an sich selbst gerichteten Frage findet, ob man sein Leben so gestaltet, daß man bereit wäre, es in dieser Form weiter und wieder zu leben. Nicht die jeweilige Form, sondern eher die Intensität, die Eindringlichkeit und Ernsthaftigkeit, die Konkretheit der „Sorge um sich" stellen Anstöße für die Ausgestaltung einer eigenen Lebenskunst zur Verfügung. Vielleicht erscheinen ihm die antiken Quellen auch darum für seine Zwecke so geeignet, weil sie fremd und fern genug sind, um keinesfalls eine Kopiervorlage für Form und Stil einer Lebensweise im ausgehenden 20. und beginnenden 21. Jahrhundert abgeben zu können.

„Epimeleia heautou" bzw. „Cura sui" als Thema in der Antike

„Für keinen ist es zu früh und für keinen zu spät, sich um die Gesundheit der Seele zu kümmern".

(Epikur)[7]

Foucault macht deutlich, welch große Bedeutung der „Sorge um sich" in zahlreichen philosophischen Lehren zukam – nicht nur als Möglichkeit, sondern als Imperativ. Bei Epiktet, der diesem Thema breite Aufmerksamkeit widmet, wird die Selbstsorge als ein „Pflicht-Privileg" angesehen: also als Auszeichnung des Menschen vor den Tieren, aber auch als Gebot, die darin enthaltene Freiheit zu nutzen (Foucault, 1986b, S. 65f.). Das Gegenstück zur „Epimeleia" ist die „Stultitia" (= lat.: Torheit, Dummheit, Einfalt). Jemand, der der Stultitia verhaftet ist, übernimmt leichtfertig und ungeprüft fremde Vorstellungen. Er läßt sich treiben, willenlos und ohne festes Ziel. „Aus der Stultitia muß man mit Hilfe der Selbstsorge herauskommen; sie entspricht schlechter Gesundheit und gilt als der schlechteste Zustand, in dem man nur sein kann (bevor man mit Philosophie und Selbstpraxis anfängt)" (Foucault, 1985, S. 41). Die Einübung der Epi-

---

[7] Epikur: Brief an Menoikus, 122 (zit. nach Foucault, 1984/1986b, S. 67). Epikur (~341-270 v. Chr.), um den herum sich eine eigene philosophische Schule entwickelt hat, vertritt die Lust als ethisches Prinzip. Besonders in diesem Punkt unterscheidet sich die Lehre Epikurs von der Stoa.

meleia bedeutet lebenslanges Lernen. Seneca sagt, man solle sein ganzes Leben lang „leben lernen" (Foucault, 1986b, S. 67).

Die Kaiserzeit, also etwa die ersten beiden nachchristlichen Jahrhunderte, galt Foucault als „goldenes Zeitalter" der Selbstsorge (Foucault, 1985, S. 36). Sie bekam in dieser Epoche ein solches Gewicht, daß man von einer „Selbstkultur" sprechen kann. Während die Epimeleia zur Zeit des Sokrates eher der Vorbereitung des jungen Menschen auf das Erwachsenenleben bzw. der Heranbildung der Regierungsfähigkeit diente, wurde sie in der Kaiserzeit quasi zum Selbstzweck, zu einer „Lebensform, auf die jedermann sich bis ans Ende seiner Tage verpflichten sollte" (Foucault & Martin 1993, S. 41). Die Ausübung der Selbstsorge betrifft in erster Linie die Diäthetik, die Ökonomie und die Erotik. Sie umfaßt so vielfältige und verschiedene Tätigkeiten wie die Arbeit des Hausherrn, der sein Hauswesen leitet, die Art der Beziehungsgestaltung zur Ehefrau, die sorgfältig abgestimmten Rahmenbedingungen für die sexuelle Lust und die Aufmerksamkeit, die der eigenen Gesundheit entgegengebracht wird.

In den antiken Quellen ist – der in dieser Epoche üblichen Bewertung der Frau entsprechend – ausschließlich von männlichen Protagonisten der Selbstsorge die Rede. Allerdings zieht die Praxis der Epimeleia eine vergleichsweise fortschrittliche Einstellung des Hausherrn zu seiner Ehefrau bzw. eine Aufwertung ihrer Stellung nach sich. Sein Verhältnis zur Ehefrau ist eine „individuelle Bindung" und geprägt von Symmetrie und einem „gewissen Respekt", was unter anderem in sexueller Treue zum Ausdruck kommt (Foucault, 1986b, S. 194ff.).

Die Selbstsorge beeinflußt auch die Aufgaben des Fürsten im Umgang mit seinen Untertanen, die Fürsorge, mit der man einen

Kranken oder Verletzten umgibt und die Dienste, die man den Göttern oder den Toten erweist (Foucault, 1986b, S. 69). Selbstsorge ist also nicht nur eine Einstellung, sondern auch Praxis. Die Epimeleia formt die gesamte Lebensweise, ist „Stilistik der Existenz" (Schmid, 1992, S. 252). Besonderes Augenmerk gilt der Sorge um den eigenen Gesundheitszustand, dem eine beständige und intensive Aufmerksamkeit gewidmet werden soll (Foucault, 1986b, S. 133ff.). Es gilt detaillierte Vorschriften einzuhalten in bezug auf die Ernährungsweise – hier gibt es ganze Listen ratsamer Speisen und Getränke, abgestimmt auf Witterung und Jahreszeit – Kleidung, Wahl der Wohnumgebung, hygienische Maßnahmen und körperliche Übungen. Ein besonders anschauliches Beispiel solcher Regeln gibt Celsus:

„Lautes Lesen, Fechten, das Ballspiel, Laufen, Spazierengehen; letzteres wirkt noch besser, wenn es nicht auf durchaus ebenem Boden vorgenommen wird, denn das Auf- und Absteigen bewegt, vermöge der dabei stattfindenden Abwechslung den Körper besser, es sei denn, der Körper sei zu schwach dazu. Ein Spaziergang unter freiem Himmel bekommt besser als in einem gedeckten Gange. Verträgt es der Kopf, so geht man mit mehr Nutzen in der Sonne als im Schatten; besser in einem Schatten, der durch Mauern oder Bäume, als durch ein Dach hervorgebracht wird. Besser ist ein Spaziergang geradeaus, als in Krümmungen (...) Auf eine solche Übung folgt passend bald eine Salbung in der Sonne oder am Feuer, bald ein Bad, aber in einem möglichst hohen, hellen, geräumigen Zimmer"

(Celsus, De Medicina I, 2, zit. nach Foucault, 1986b, S. 138).

Sicher klingen derartige Ausführungen schon recht hypochondrisch. Außerdem ist diese Art der Selbstsorge sicherlich an die Voraussetzung einer sorgenfreien materiellen Existenz gebunden, also nur wenigen zugänglich. Bedeutsam ist die intensive

Aufmerksamkeit auf das Wohlergehen des Körpers und die genaue Kenntnis von Maßnahmen, die ihm wohltun im Hinblick auf zwei Aspekte: „Autonomie" und „Psychosomatik". Denn: Wer so genau über die eigene Gesundheitspflege Bescheid weiß, ist ziemlich unabhängig vom Fachwissen der Ärzte und auch von den Seelenspezialisten, den Philosophen. Der Zustand des Körpers hat durchaus Einfluß auf die Seele und umgekehrt: „Denn der Punkt, dem sich in diesen Selbstpraktiken die Aufmerksamkeit zuwendet, ist der, an dem die Übel des Körpers und der Seele sich mitteilen und austauschen können: dort, wo die schlechten Gewohnheiten der Seele körperliche Gebrechen nach sich ziehen können, während die Exzesse des Körpers die Schwäche der Seele bekunden und fördern" (Foucault, 1986b, S. 78).

Selbsttechniken und Existenzkünste

Zur Einübung dieser Art von Existenzstil stehen eine ganze Reihe von Praktiken oder Existenztechniken (techne tou biou) zur Verfügung. Wie die Begriffe „Technik" und „Praktik" verdeutlichen, steht auch hier – wie im oben zitierten Beispiel von Celsus – der Handlungsaspekt dem Haltungsaspekt durchaus nicht nach. Das betrifft auch das Verhältnis von Selbsterkenntnis – vertreten durch die Aufforderung des Orakels von Delphi: „Erkenne Dich selbst" – und Selbstsorge. Die Selbsterkenntnis bildet keinen Gegensatz zur Selbstsorge, sondern nimmt als Reflexionsbefähigung innerhalb der Selbstsorge eine wichtige Aufgabe wahr: Selbstsorge ist *reflektierte* Praxis. „Es gibt eine dynamische Verwicklung, ein wechselseitiges Anrufen von Selbsterkenntnis und Selbstsorge; keines der beiden Elemente darf zugunsten des anderen vernachlässigt werden" (Foucault, 1985, S. 39). Wichtig ist aber, daß die Selbsterkenntnis in der Selbstsorge nicht nach innen, sondern nach außen gerichtet ist (Foucault & Martin, 1993, S. 36; Becker, 1985, S. 29ff.). Sie bleibt also nicht Selbstzweck, sondern bezieht sich stets auf konkrete Handlungen.

Askese

Dieser Ausdruck ist aus heutiger Sicht durch die christliche und monastische Tradition vorbelastet und eher mit Assoziationen wie Selbstverleugnung und Verzicht verbunden. Im Zusammenhang mit der Epimeleia heautou bedeutet Askese jedoch „weniger Verzicht als Mittel, sich mit etwas auszustatten; sie reduziert nicht, sie stattet aus" (Foucault, 1985, S. 56). Die Askese soll den, der sie praktiziert, befähigen, mit den Herausforderungen der Zukunft zurechtzukommen. Er soll allem gewachsen sein, nicht schwächer sein, als das, was kommt. Jemand, der Askese betreibt, wird mit einem Athleten verglichen, der sich auf die künftigen Bewährungsproben mittels verschiedener Übungen einstellt und trainiert. Es geht bei den Übungen der Askese darum, zwischen den wichtigen und den unwichtigen Dingen des Lebens zu unterscheiden, wie die Stoa lehrt. Oder darum, sich über sein eigenes Tagewerk Rechenschaft abzulegen, wie es aus der Schule der Pythagoräer bekannt ist (Schmid, 1992, S. 261). Dieser Blick auf sich und das eigene Leben soll allerdings nicht die Qualität einer Beurteilung haben. Wer sich um sich selbst sorgt, sitzt nicht über sich selbst zu Gericht. Es geht eher um eine Prüfung dessen, was erreicht worden ist im Vergleich zu dem, was als wünschenswert und notwendig erkannt wurde. So sieht es jedenfalls Seneca: „Die Prüfung rührt nicht an die Verfehlung, um eine Schuld zuzuweisen oder Gewissensbisse hervorzurufen, sondern um ausgehend von der erinnerten und überdachten Feststellung eines Scheiterns die Ausstattung der Vernunft, die für ein besonderes Verhalten sorgt, zu verstärken" (Foucault, 1986b, S. 86). In eine ähnliche Richtung geht die Vorstellung Epiktets[8], man solle sein eigener Zensor sein und wie ein Nachtwächter sorgfältig die Gedanken prüfen, bevor man ihnen Einlaß gewährt. Mit den eigenen Gedanken soll man verfahren, wie ein Geldwechsler, der die Echtheit einer Münze überprüft, bevor er sie akzeptiert (Foucault & Martin, 1993, S. 50).

Die asketischen Übungen werden bei den Griechen in zwei einander entgegengesetzte Pole unterteilt: ‚Melete' (meditatio) und *gymnasia*: „Während meditatio eine imaginierte Erfahrung ist, die das Denken schult, ist ‚gymnasia' eine Übung in realen Situationen, auch wenn diese künstlich herbeigeführt werden" (ebd., S. 48). Melete betont also eher den Aspekt der gedanklichen Vorstellung, gymnasia dagegen konkrete Handlungen.

Foucault weist darauf hin, daß ‚melete' dieselbe Wurzel wie epimelesthai (Verb zu Epimeleia) hat: „Es handelt sich um einen vagen Fachausdruck, der aus der Rhetorik stammt. Melete ist die Arbeit, die man unternimmt, um eine Rede oder eine Improvisation vorzubereiten, indem man über brauchbare Ausdrücke und

---

[8] Epiktet (~50-138 n. Chr.), griech. Philosoph. Er gehört zur philosophischen Richtung der Stoa. In der Stoa bedingt ethisch richtiges Verhalten die Gesundheit der Seele. Die Stoa wurde um 300 v. Chr. von Zenon gegründet. Seneca (~4 v. Chr. bis 65 n. Chr.) und Kaiser Marc Aurel (161-80 v. Chr.), gehören ebenfalls der Stoa an (Schischkoff, 1982, S. 160 u. S. 670f.)

Argumente nachdenkt. Man muß die reale Situation durch einen in Gedanken geführten Dialog vorwegnehmen" (Foucault & Martin, 1993, S. 47).

Für beide Formen soll ein Beispiel genannt werden: Eine in der Stoa bekannte Vorstellungsübung, die „praemeditatio malorum", betrifft den Umgang mit der schlimmstmöglichen Situation, die dem Übenden überhaupt vorstellbar ist. Man malt sich in den düstersten Farben eine schwierige Lage aus, zum Beispiel in Einsamkeit im Exil an einer schweren Krankheit zu leiden und im Sterben zu liegen. Dabei ist nicht entscheidend, wie wahrscheinlich es ist, daß der Übende jemals in die vorgestellte Situation kommen wird. Es kommt vielmehr darauf an, sich vor Augen zu führen, daß selbst eine solche Lage in Würde gemeistert werden könnte (Foucault & Martin, 1993, S. 47f.).

Die Stoa beeinflußte das Menschenbild der Kognitiven Verhaltenstherapie und wird als Modell für einige ihrer Interventionstechniken herangezogen. Die von Epiktet geforderte Gedankendisziplin und die „praemeditatio malorum" erinnern an die kritische Auseinandersetzung mit der Bewertung von Gedanken und Gefühlen in der Kognitiven Therapie: zum Beispiel setzt A.T. Beck bei der Depressionstherapie den „Sokratischen Dialog" ein. Ziel dabei ist, den KlientInnen zu vermitteln, daß sie selbst ProduzentInnen ihrer depressiven Bewertungen sind. In der Rational-Emotiven Therapie (RET) nach A. Ellis treten TherapeutIn und KlientIn in einen „Disput" über die Problembewertung der KlientIn ein. Der evozierte Vergleich mit sehr schwierigen Situationen ist im Grunde identisch mit der „praemeditatio malorum" und dient der Relativierung aktueller belastender Kognitionen und Affekte gegenüber tatsächlichen Katastrophen (z.B. Ellis & Grieger, 1979; Schelp et al., 1990).

Eine Übung in realer Situation beschreibt Plutarch in „De deo Sokratis" (Foucault, 1986b, S. 81f.): Zunächst soll der Übende sich durch anstrengende sportliche Betätigung vorbereiten. Wenn er davon hungrig geworden ist, soll er ein Festessen auftragen lassen, Platz nehmen und sich, um seinen Appetit noch zu steigern, in den Anblick der Speisen vertiefen. Dann aber soll er seine Sklaven rufen, ihnen das Mahl überlassen und sich selbst mit der Speise der Sklaven begnügen. Auch hier ist das Ziel nicht der reale Verzicht, sondern die Erfahrung, die eigenen Bedürfnisse beherrschen zu können, sein eigener Meister zu sein.

Schreiben

Schreiben ermöglicht es, zu sich selbst in Distanz zu treten, sich quasi selber über die Schulter zu blicken. So geht es uns übrigens auch mit dem Verfassen dieser Arbeit. Während wir schreiben, verändert sich etwas, verändern wir uns. So können wir uns Schmid (1992, S. 14f.) anschließen: „Man ist allzuleicht geneigt zu übersehen, wozu es dient, eine solche Arbeit zu unternehmen: Zur Heranbildung seiner selbst, zur Formung und Transformation seiner selbst."

In der Antike hatte diese Form der Selbstreflexion die Funktion, Verhaltensgrundsätze schriftlich niederzulegen, um später darauf zurückgreifen zu können. Schmid weist auf die Rolle der Notizbücher hin, sogenannter „Hypomnemata", die zur Zeit Platons aufkamen: „Sie bildeten ein materielles Gedächtnis gelesener, gehörter oder gedachter Dinge und boten diese als einen angehäuften Schatz zum Wiederlesen und zu späterer Meditation an" (a.a.O., S. 308). Eine wichtige Rolle spielten auch Briefe an Freunde oder Lehrer, in denen man sich einerseits aktiv an deren Selbstsorge beteiligte und andererseits das eigene Leben, die eigene Selbstsorge dem wohlwollend prüfenden Blick eines anderen aussetzte. Die gleiche Funktion hat auch das Gespräch mit Lehrern oder Freunden. Als ein detailreiches Beispiel für diese Art der Selbstsorge mag ein Brief aus dem Jahr 145 n. Chr. von Marc Aurel an seinen Freund und Lehrer Fronto dienen:

„Heil dir, mein süßester Lehrer. Wir sind wohlauf. Ich habe heute lange geschlafen, wegen der leichten Erkältung, die jetzt abzuklingen scheint. Von etwa fünf bis neun Uhr heute morgen habe ich teils in Catos De agricultura gelesen, teils habe ich geschrieben, jedoch beim Himmel nicht so einen Unsinn wie gestern. Nachdem ich meinen Vater begrüßt hatte, habe ich meiner Kehle Linderung verschafft, ich möchte nicht sagen durch Gurgeln – obwohl das Wort gargarisso *sich, glaube ich, bei Novius und anderen findet – aber indem ich Honigwasser bis zur Kehle rinnen ließ und dann wieder ausspie. Nachdem ich meiner Kehle Linderung verschafft hatte, ging ich zu meinem Vater und begleitete ihn zu einem Opfer. Danach aßen wir. Was, glaubst du, habe ich gegessen? Ein winziges Stück Brot, während ich zusah, wie andere Bohnen, Zwiebeln und Heringe voller Rogen verschlangen. Dann haben wir hart bei der Weinlese gearbeitet; wir haben kräftig geschwitzt, waren fröhlich und ließen, wie der Dichter sagt, ‚noch ein paar Trauben für die Nachlese hängen'. Nach sechs kamen wir nach Hause. Ich habe nur wenig gearbeitet, und das recht ziellos. Danach habe ich lange mit meiner lieben Mutter geplaudert, während sie auf meinem Bett saß. Ich sagte: ‚Was, glaubst du, wird wohl mein Fronto gerade tun?' Darauf sie: ‚Was, glaubst du, wird wohl meine Gratia gerade tun?' Darauf ich ‚Und was, glaubst du, wird wohl unser kleiner Spatz, die kleine Gratia gerade tun?' Während wir so redeten und darum stritten, wer von uns beiden den einen oder anderen von euch beiden mehr liebte, ertönte der Gong, was bedeutete, daß mein Vater sein Bad nahm. So aßen wir denn nach dem*

Baden im Ölpreßraum zu Abend; ich will damit nicht sagen, daß wir im Ölpreßraum gebadet haben, sondern daß wir dort aßen, und mit Vergnügen hörten wir den Arbeitern zu, die einander neckten. Nun bin ich wieder zurück, und bevor ich mich umdrehe, um einzuschlafen, komme ich meiner Pflicht nach und berichte meinem geliebten Lehrer, wie ich den Tag verbracht habe, und wenn ich ihn noch mehr vermissen könnte, würde ich nicht zögern, mich noch mehr nach ihm zu verzehren. Lebwohl mein Fronto, wo Du auch sein magst, mein Liebster, mein Liebling, meine Freude. Wie steht es zwischen Dir und mir? Ich liebe Dich, und Du bist fern" (zit. nach Foucault & Martin 1993, S. 38f.).

Träume

„Oh ein Gott ist der Mensch, wenn er träumt,
ein Bettler, wenn er nachdenkt"

(Hölderlin, Hyperion, S. 10).

Zu den Existenztechniken gehört auch die Traumdeutung: „Denn die Bilder des Schlafes, oder zumindest einige von ihnen, galten als Realitätszeichen oder Botschaften von Künftigem; sie zu entziffern war von hohem Wert: ein verständiges Leben konnte dieser Aufgabe nicht entraten" (Foucault, 1986b, S. 11). So war es günstig, die eigenen Träume entschlüsseln zu lernen, da man dadurch von den Experten der Traumdeutung unabhängig werden konnte. Interessant ist, daß gerade im Zusammenhang mit sexuellen Traumbildern dem Traumdeuter die Frage der Bewertung der sexuellen Handlungen völlig unerheblich ist. Vielmehr wird sein sexueller *Aktivitätsstil* in Beziehung zu seinen sonstigen Lebensbereichen gesetzt (ebd., S. 9-51). Es geht also nicht um normgerechtes (Sexual-)Verhalten. Im Mittelpunkt der Traumdeutung steht vielmehr die Frage, ob der Träumer sein Leben aktiv gestaltet oder es passiv erleidet. Allerdings räumt Foucault ein, daß die Traumdeutung in der Antike eher eine marginale Rolle als Existenzkunst spielte (Foucault & Martin, 1993, S. 50).

Dem Traum wohnt in besonderer Weise ein Bezug zur Grenzüberschreitung inne, ein Ruf nach noch nicht Realisiertem. Im Traum geht es nicht nur um das schon Gewesene, sondern auch um das noch Mögliche: Einladung zur Freiheit und zur Veränderung. In diesem Sinn leistet der Traum einen wertvollen Beitrag zur Selbstsorge, denn ihr wichtigstes Ziel ist ja die Transformation, das Anderswerden. „Wer träumt, riskiert, nicht mehr derselbe zu sein" (Schmid, 1992, S. 321).

Die Einteilung der Zeit

Alles hat seine Stunde.
Für jedes Geschehen unter dem Himmel gibt es eine bestimmte Zeit:
eine Zeit zum Gebären und eine Zeit zum Sterben,
eine Zeit zum Pflanzen und eine Zeit zum Ausreißen der Pflanzen."
(Kohelet 3, 1-2)

Die Epimeleia findet nicht nebenbei statt – gleichgültig, ob sie nun allein oder in Gegenwart eines Freundes praktiziert wird -, sondern sie braucht Ruhe und Muße. Nach Senecas Empfehlung soll man sich der Sorge um sich mit höchster Aufmerksamkeit widmen. Man soll sich anderer Beschäftigungen entledigen, um sich ganz um sich kümmern zu können. „Sibi vacare" – sich ganz für sich selbst freimachen – ist seine Forderung (Foucault,

1986b, S. 64). So ist die Einteilung der Zeit ein wichtiges Thema der Selbstsorge. Sei es, daß man eine bestimmte Zeit des Tages – zum Beispiel am Morgen oder am Abend – für die Epimeleia reserviert, sei es, daß man sich in wiederkehrenden Abständen eine „Auszeit" nimmt, in der man sich von seinen Alltagsbeschäftigungen zurückzieht, etwa aufs Land, wie es Marc Aurel in dem oben zitierten Brief an Fronto beschreibt. Die Selbstsorge braucht in jedem Fall einen eigens reservierten Platz im Leben. Seneca stellt dar, wie er abends, „wenn das Licht entfernt" und die „Gattin verstummt ist", eine Prüfung seines Tages vornimmt und wie sehr dies die eigene Seelenruhe und einen ruhigen Schlaf fördert (Seneca, De ira, III, 36, zit. nach Foucault, 1986b, S. 84).

All diese Bemühungen um die Selbstsorge, aus denen viel Ernsthaftigkeit und Strenge spricht, sollen jedoch nicht zu einer ängstlich-verkrampften oder hypochondrischen Grundeinstellung führen: „Es ist die Erfahrung einer Freude, die man an sich hat. Wer es vermocht hat, endlich Zugang zu sich selber zu finden, ist für sich ein Objekt der Freude. Nicht bloß gibt man sich mit dem zufrieden, was man ist, und fügt sich in die Beschränkung, sondern man erfreut sich an sich selber" (a.a.O., S. 91).

Die Selbstsorge und die anderen

Die Selbstsorge findet nicht im a-sozialen Raum statt, sondern ist in vielfältiger Weise auf andere Menschen bezogen. „Sie bildet nicht eine Übung in Einsamkeit, sondern eine wahrhaft gesellschaftliche Praxis" (Foucault, 1986b, S. 71). Selbstsorge berührt die Beziehung zu anderen, da sie befähigt, den passenden Platz im

Leben einzunehmen – sei es im Richteramt, sei es in Freundschaftsbeziehungen oder bei der Leitung des eigenen Hauses. Sie befähigt, die dort notwendigen Aufgaben in rechter Weise auszuüben – sei es die der Regierung, der Pädagogik oder der Anleitung eines Menschen bei seiner Selbstsorge. Darin kommt gewissermaßen eine zuversichtlichere Gegenposition zu Freuds Bemerkung zum Ausdruck, Regieren, Erziehen und Analysieren seien die drei „unmöglichen Berufe", in denen die Überforderung bereits im Ansatz angelegt sei. Dies ist möglich, weil mit der Suche nach seiner eigenen Position, Haltung und Mitte ein ganz anderer Schwerpunkt gesetzt, ein ganz anderer und bescheidenerer Anspruch formuliert wird, als der, der sich primär auf Fremdsteuerung richtet. „Schaffen von Bedingungen für die Möglichkeit ...", und eine dieser Bedingungen liegt in mir.

Die Beschäftigung mit sich selbst wird leicht in Zusammenhang mit Weltflucht, Innerlichkeit und Egozentrik gebracht (Foucault et al., 1985, S. 12). Dieser Vorwurf ist nicht berechtigt, denn „die anderen" profitieren durchaus von unserer persönlichen Selbstsorge. Foucault spricht von einem „Finalitätsband" (*indem ich mich mit mir selbst beschäftige, werde ich fähig, mich mit anderen zu beschäftigen*) und einem „Reziprozitätsband" (*weil ich gut für mich sorge, kann ich dem Gemeinwohl dienen*) zwischen Selbstsorge und dem Interesse der anderen (Foucault & Martin, 1985, S. 43f.). Das heißt jedoch im Umkehrschluß nicht, daß sich die Selbstsorge ausschließlich über diese Zielsetzung legitimieren würde, etwa nach dem Motto: „Ich darf nur darum Selbstsorge betreiben, weil ich sonst nicht für andere sorgen könnte". Die Selbstsorge ist nicht deshalb ethisch, weil sie zu bestimmten Aufgaben befähigt, sie ist in sich selbst ethisch (Foucault et al., 1985, S. 14).

Allerdings hat sich das Verhältnis von Selbstsorge und ihrer Rückbindung an einen äußeren Zweck über verschiedene historische Zeitabschnitte unterschiedlich entwickelt. Zur Zeit des Sokrates war die Selbstsorge klar auf das Ziel bezogen, mit ihrer Hilfe besser Sorge für andere tragen zu können. In der Kaiserzeit wurde die Selbstsorge teilweise derart zum Selbstzweck, daß der Rückzug aus dem öffentlichen Leben geradezu als Bedingung für eine umfassende Beschäftigung mit sich selbst gewertet wurde: „Und wenn die Gelegenheit sich bietet, soll man sich von seinen Tätigkeiten freimachen, von dem Moment an, da sie uns stören und uns hindern, uns um uns selbst zu kümmern" (Foucault, 1986b, S. 126). Im Christentum (ab dem 3. Jh. n. Chr.) verlagerte sich die Selbstsorge ganz auf eine dem Verzicht verpflichtete Selbsterkenntnis. Selbstsorge und Selbstliebe gewannen dort eher die Bedeutung von Egozentrik.

Es gibt einen Zusammenhang zwischen der Überlegenheit, mit der man über sich selbst verfügt (im Gegensatz zur Versklavung durch die eigenen Wünsche) und der Überlegenheit gegenüber dem eigenen Hauswesen oder in politischen Beziehungen (Foucault, 1986b, S. 128). Man muß sich selbst regieren, um andere regieren zu können. Bei Platon taucht dieser Anspruch als wichtiges Thema im Dialog zwischen Sokrates und Alkibiades auf: „Sokrates zeigt dem jungen Heißsporn, daß es von dessen Seite reichlich vermessen ist, sich der Polis anzunehmen, ihr Ratschläge erteilen und sich mit den Königen von Sparta und den Beherrschern Persiens anlegen zu wollen, wenn er nicht zuvor gelernt habe, was für das Regieren unabdingbar ist: erst muß er sich um sich selbst kümmern – und zwar sofort, solange er jung ist, denn mit fünfzig Jahren wäre es wohl zu spät" (a. a. O., S. 61). Diese Forderung wird später, in der Kaiserzeit, sogar noch dringlicher. Der politisch Tätige solle sein Amt nicht deshalb ausüben, weil Geburt und Stand ihm dies nahelegen, sondern sich bewußt dafür entscheiden. Die komplexer werdenden Anforderungen der Politik machen einen reflektierten Umgang des Amtsinhabers mit dem eigenen Verhalten unabdingbar. Selbstsorge hat daher (besonders in diesem Kontext) nichts mit frustriertem Rückzug, sondern eher mit Verantwortungsbewußtsein und politischer Klugheit zu tun. Besondere Aufmerksamkeit erfordert der Umgang mit der eigenen Macht, deren Grenzen es nicht zu überschreiten gilt. Vor allem solle man sich vor einer Überidentifikation mit der eigenen Rolle hüten; also nicht dem Cäsarismus verfallen, nicht „verkaisern" (S. 122f.). Kaiser Antonius wird von Marc Aurel als leuchtendes Beispiel für maßvolle Regierungsausübung beschrieben, nach dem Marc Aurel sich auch in seiner eigenen Lebensführung richtet. Wohlverstandene Selbstsorge kontrolliert und reguliert die Macht, die jemand über andere ausübt. Jemand, der seinen Reichtum oder seine Macht über andere mißbraucht, ihnen den eigenen Willen, die eigenen Launen aufzwingt, ist in Wirklichkeit nicht Souverän, sondern Sklave seiner selbst. Wer seine Macht „richtig" ausübt, übt sie auch über sich selbst aus (Foucault et al., 1985, S. 15f.).

Foucaults Begriff der „Macht"

Macht ist für Foucault nicht identisch mit dem Bösen, auch wenn sie mißbraucht werden kann; ein Punkt, in dem er sich von Sartre unterscheidet (Foucault et al., 1985, S. 25f.). Macht wird von Foucault nicht als stabiler Zustand, sondern als Gefüge komplexer strategischer Beziehungen gefaßt, die sich ständig verändern können. Diese Dynamik unterscheidet Machtbeziehungen von Herrschaftszuständen. In Machtbeziehungen sind die Verhältnisse immer prinzipiell umkehrbar; in Herrschafts-strukturen dagegen haben sich die beweglichen Machtbeziehun-gen verfestigt (Foucault, 1977, S. 113-124):

„Unter Macht, scheint mir, ist zunächst zu verstehen: die Viel-fältigkeit von Kraftverhältnissen, die ein Gebiet bevölkern und organisieren; das Spiel, das in unaufhörlichen Kämpfen und Auseinandersetzungen diese Kraftverhältnisse verwandelt, ver-stärkt, verkehrt; die Stützen, die diese Kraftverhältnisse aneinan-der finden, indem sie sich zu Systemen verketten – oder die Verschiebungen und Widersprüche, die sie gegeneinander iso-lieren; und schließlich die Strategien, in denen sie zur Wirkung gelangen und deren große Linien und institutionelle Kristallisie-rungen sich in den Staatsapparaten, in der Gesetzgebung und in den gesellschaftlichen Hegemonien verkörpern. [...] Die Macht ist nicht eine Institution, ist nicht eine Struktur, ist nicht eine Mächtigkeit einiger Mächtiger. Die Macht ist ein Name, den man einer komplexen strategischen Situation in einer Gesell-schaft gibt" (a.a.O., S. 113f.).

Selbstsorge – hierin unterscheidet sie sich einmal mehr von Welt-flucht – bedeutet nicht Machtabstinenz (wobei zu fragen wäre, ob Machtabstinenz überhaupt möglich ist). Selbstsorge bedeutet vielmehr, die Regierung seiner selbst nicht anderen zu über-lassen, dafür zu sorgen, daß Machtbeziehungen nicht in Herr-schaftszustände eingefroren werden, bedeutet, sich im komple-xen Feld der Machtbeziehungen zurechtzufinden. Selbstsorge ist insofern „ein Einsatz im Spiel der Macht" (Schmid, 1992, S. 226).

Es scheint allerdings, als seien die Überlegungen zur Selbstsorge im Zusammenhang mit politischer Machtausübung doch in erster Linie aus der Perspektive von Menschen geschrieben, die gesellschaftlich in der Position sind, sich frei gegen Machtmißbrauch entscheiden zu können. Das impliziert, daß sie sich prinzipiell auch *dafür* entscheiden könnten. So lautet ein Einwand gegen die Konzeption der Selbstsorge in bezug auf Macht, daß dies doch eine reichlich idealistische Sichtweise der Lebensbedingungen der meisten Menschen sei. Umgekehrt ist zu unterstellen, daß jeder Mensch in seiner Umgebung über Möglichkeiten der Einflußnahme verfügt, ja nicht einmal verhindern kann, Einfluß zu nehmen, ob er sich nun darüber im klaren ist oder nicht. Was bedeutet aber Selbstsorge, die ja *Praxis der Freiheit* sein soll, unter gesellschaftlichen Bedingungen, die diese per Gesetz einschränken, etwa in Diktaturen? Foucault räumt ein, daß es Situationen gibt, in denen vielleicht eine äußere Befreiung Bedingung für die „Praxis der Freiheit" sein könnte. Allerdings befähigt eine äußere Befreiung nicht gleichzeitig zum *Gebrauch* der Freiheit (Foucault et al., 1985, S. 10ff.).

Diese Schwierigkeit wurde bereits oben im Zusammenhang mit der sich in der Risikogesellschaft vollziehenden Freisetzung des Menschen aus traditionellen Gebundenheiten thematisiert. Freiheit ist insofern immer janusköpfig, als sie Chancen und Risiken beinhaltet. „Widerstandspunkte" gehören in Foucaults Machtanalyse immer mit ins strategische Spiel der Macht (1977, S. 116f.). Dieses Spiel ereignet sich auf dem Feld der Wahrheiten produzierenden „Diskurse". Jeder einzelne Diskurs ist dabei eine unumgehbare Beeinflussung anderer Diskurse, er konstruiert und formt Realitäten. „In jedem Diskurs gibt es die unvermeidliche, wechselseitige Intervention der Individuen aufeinander, und damit ist das Spiel der Macht schon eröffnet; Macht im Sinne eines Vermögens über die Möglichkeiten anderer, als

Vorstrukturierung des Feldes möglicher Handlungen und Reden, wie sie wechselweise in jedem alltäglichen Gespräch, in jeder Diskussion erfolgt: Jede Debatte ist immer eine *Debataille*" (Schmid, 1992, S. 95).

Der andere als Unterstützer der Selbstsorge

Der Bezug zu anderen Menschen kommt in der Selbstsorge deutlich darin zum Ausdruck, daß ein Freund, ein Lehrer, ein Meister – kurz ein wohlwollendes Gegenüber – Unterstützung bei der Selbstsorge gewähren kann und dadurch herausfordert, sich selbst zu transformieren, ein anderer zu werden. „Man braucht einen Führer, einen Ratgeber, einen Freund, einen, der einem die Wahrheit sagt". So schreibt Foucault über den Arzt Galen: „Er rät jedem, der sich seiner selbst annehmen möchte, die Hilfe eines anderen zu suchen; gleichwohl empfiehlt er nicht einen für sein Urteil und sein Wissen bekannten Techniker, sondern ganz schlicht einen Mann von gutem Ruf, den man dabei auf seine rückhaltlose Offenheit erproben kann" (1986b, S. 73).

Allerdings gab es auch durchaus Spezialisten der Seelenführung. Epiktet beispielsweise lehrte die Sorge um sich in einer Art Schule. Reiche Römer stellten Philosophen quasi als persönliche Existenzberater oder Mentoren an, aber auch Freunde konnten füreinander diese Rolle übernehmen.

Die Rolle des Philosophen ist im Zusammenhang mit der Epimeleia besonders hervorzuheben. Sokrates sieht in der „Apologie" seine Hilfeleistungen bei der Selbstsorge anderer geradezu durch Berufung begründet: „Der Gott hat ihn berufen, die Menschen zu mahnen, daß sie sich sorgen, nicht um ihre Reichtümer,

nicht um ihre Ehre, sondern um sich selbst und ihre Seele"
(Platon, Apologie, 29 d-e, zit. nach Foucault, 1986b, S. 61). Ein
solcher Auftrag impliziert zweifellos, daß der Philosoph seiner-
seits mit besonderer Hingabe an sich selbst arbeitet. Es ist
unerläßlich, daß der, der andere führt, sich selbst zu führen weiß
(Foucault et al., 1985, S. 20).

Der Begleiter soll den, der sich ihm anvertraut, unterstützen,
indem er ihm Verhaltensmodell ist, ihm Wissen, Haltungen und
Prinzipien übermittelt und ihn in der Bemeisterung von Widrig-
keiten anleitet. Ausschlaggebend ist aber nicht, daß der Meister
etwas weiß, was sein Schüler nicht weiß. Er soll ihn vielmehr
dabei unterstützen, sich selbst zu formen (Foucault, 1985, S. 40).

Bei der Begleitung anderer Menschen in deren Selbstsorge ist
die „Parrhesia" eine besonders wichtige Eigenschaft. Parrhesia
ist die Freimütigkeit und Offenheit der Rede. Parrhesia bildet
das Gegenteil sowohl von Schmeichelei, als auch von Rhetorik.
Schmeichelei verhindert, daß der, dem geschmeichelt wird, sich
mit sich selbst auseinandersetzt. In der Rhetorik geht es um die
Interessen dessen, der sie übt: Er will zu etwas überreden. Die
Parrhesia sucht die Wahrheit, und der, der sie übt, handelt ohne
Eigeninteresse. Im Hinblick auf die Selbstsorge bezeichnet sie
die Kunst des Meisters, die Mittel anzuwenden, die sein Schüler
braucht, um die Selbstsorge praktizieren zu können (a.a.O., S.
57f.). Schmid hebt hervor, daß eine gute Vertrauensbeziehung
Basis für die Ausübung der Parrhesia ist: „Die vertraute persönliche Präsenz des anderen war für diese Praxis unabdingbar: sich
dem Urteil des anderen auszusetzen, setzte das Vertrauen eines
persönlichen Verhältnisses und eine gemeinsame Beziehung zur
Wahrheit voraus. In den Augen des anderen erschien die Ästhe-

tik der eigenen Existenz und wurde nur so erfahrbar, indem der andere sie reflektierte" (Schmid, 1992, S. 350). Die Voraussetzung für die Wirkung der Parrhesia ist die Glaubwürdigkeit dessen, der sie übt. Seine Worte müssen durch seine eigene Selbstsorge, seinen Stil der Existenz beglaubigt sein (Foucault, 1985, S. 58).

Das Subjekt der Selbstkonstituierung und der Selbsttransformation

Bei Foucault spielt der Begriff der Transformation eine zentrale Rolle. Wandlung ist immer Anspruch. Worin aber besteht das Subjekt der Veränderung? Das Subjekt, von dem hier die Rede ist, und das Foucault gleichzeitig als Akteur und Ergebnis der Sorge um sich sieht, grenzt er scharf von einem humanistischen Subjekt-Begriff ab. Bernauer und Mahon (1994, S. 593f.) weisen allerdings darauf hin, daß der „Humanismus" selbst kein einheitliches Konzept darstelle, sondern im Lauf der Geschichte unterschiedliche Formen angenommen habe: „Das Christentum, die Kritik am Christentum, die Wissenschaft, die Anti-Wissenschaft, der Marxismus, der Existenzialismus, der Personalismus, der Nationalsozialismus und der Stalinismus trugen alle einige Zeit lang das Etikett ‚Humanismus' ".

Nach Foucault ist das sich selbst konstituierende und transformierende Subjekt keine Substanz, nichts Festgeschriebenes im Sinne eines – wie auch immer geartenen – menschlichen Wesens. Das sich selbst konstituierende Subjekt ist offen für Erfahrungen, ja diese Offenheit ist überhaupt die Bedingung seiner Existenz. Das Subjekt der Anthropologie, gegen das Foucault sich abgrenzt, ist ein Subjekt, dessen Art und Weise zur Erkenntnis zu gelangen, festgelegt ist (Schmid, 1992, S. 112). Eine solche Festlegung zeigt nach Foucault jedoch nicht nur die Erkenntnis*möglichkeiten*, sondern zugleich deren Grenzen auf. Erfahrungen können nur in dem vorher gedachten Rahmen auf das Subjekt einwirken. Gerade aber das, was sich außerhalb dieses Rahmens befindet, „nicht die anthropologische Konstante, sondern die anthropologische Variable" ist von Interesse (Schmid, 1992, S. 116). „Variable" meint nun aber nicht nur die Feststellung, daß es kein bei allen Menschen zu findendes „Eigentliches" des Menschseins gibt, sondern daß auch der einzelne Mensch keine feststehende Identität hat. Vielmehr geht Foucault von einem multiplen Selbst bzw. Subjekt aus: „Es ist keine Substanz. Es ist eine Form, und diese Form ist weder vor allem noch immer mit sich selbst identisch. Man hat zu sich nicht dasselbe Verhältnis, wenn man sich als politisches Subjekt konstituiert, das wählen geht oder in einer Versammlung das Wort ergreift, als wenn man sein Begehren in einer sexuellen Beziehung zu befriedigen versucht. Zweifellos gibt es Beziehungen und Interferenzen zwischen diesen verschiedenen Formen des Subjekts, aber man steht nicht demselben Subjekttypus gegenüber. In jedem dieser Fälle spielt man mit, errichtet man verschiedene Formen der Beziehung zu sich" (Foucault et al., 1985, S. 18).

Dieses Problem führte Foucault dazu, zeitweilig ganz auf den Subjektbegriff zu verzichten und im Anschluß an Nietzsches Losung vom „Tod Gottes" vom „Tod des Menschen" zu sprechen (Schmid, 1992, S. 122ff.). „Dies ist nicht das Ende jeder Rede vom Menschen, sondern das Ende einer Konzeption, die die eternelle Wahrheit des Menschen vorausgesetzt hat, um dann nach ihr zu suchen" (S. 139).

Das Wiederaufgreifen des Subjektbegriffs im Zusammenhang mit der Selbstsorge bedeutet aber keine Rückkehr Foucaults zum Subjekt der Erkenntnis. Das Subjekt der Selbstsorge ist ein ethisches Subjekt, welches sich selber durch die Arbeit an sich formt. Diese Arbeit ist ein Handwerk. Die Ausübung dieses Handwerks ist Kunst, eine Lebenskunst. Es geht darum, sich und seinem Leben Stil zu geben, sich selbst als sein eigenes Kunstwerk zu formen. Auch in diesem Punkt orientiert sich Foucault an Nietzsche:

„Eins ist not. – Seinem Charakter „Stil geben" – eine große und seltene Kunst! Sie übt der, welcher alles übersieht, was seine Natur an Kräften und Schwächen bietet, und es dann einem künstlerischen Plane einfügt, bis ein jedes als Kunst und Vernunft erscheint und auch noch die Schwäche das Auge entzückt."

(Nietzsche, *Die fröhliche Wissenschaft*, Aphorismus 290 [Ausgabe von 1986])

Für Foucault bedeutet die Selbstsorge Ästhetik. In Bezug zur menschlichen Existenz gesetzt verbindet sich *Ästhetik* einerseits mit dem Imperativ des Perspektivenwechsels: Immer geht es um die Möglichkeit des „Andersdenkens" und des „Andersseins". Für Foucault bedeutet der Begriff der Ästhetik aber auch eine spezifische Aufmerksamkeit der Wahrnehmung, die es zu schulen gilt: „Die ästhetische Form des Lebenswissens meint eine gewisse Umsicht und Vorsicht, Aufmerksamkeit und Wachsamkeit; ihre Wahrnehmung ist die eines Spürsinns und erschließt einen größeren Raum an Realität als eine auf das Kognitive begrenzte Rationalität" (Schmid, 1992, S. 286). Der französische Philosoph Hadot (1991) gibt dagegen zu bedenken, daß im allgemeinen Sprachgebrauch das Adjektiv „schön" nicht in Verbindung mit ethischen Verpflichtungen gebracht werde, welche die Epimeleia der Antike aber beinhaltete. Hadot befürwortet zwar den Begriff der „Lebenskunst" als Postulat eines philosophischen Lebens. Für ihre nähere Bestimmung hält er jedoch den Begriff „Weisheit" für unumgänglich, den er inhaltlich mit „Seelenfrieden", „innerer Freiheit" und „kosmischem Bewußtsein" füllt (S. 179).

Die „Ästhetik der Existenz" wird durch einen von der Epimeleia geprägten Lebensstil hervorgebracht. In Metaphern ausgedrückt gleicht sie einem anmutigen Tanz oder auch einem Garten (Schmid, 1992, S. 179 und 336): „Der Garten ist das anderswo, in dem der Mensch sich findet". Die sorgfältige Abstimmung der unterschiedlichen Bedürfnisse und Notwendigkeiten der Selbstsorge ähnelt dem, was man in einem Garten beobachten kann: Da wächst unterschiedliches, manches wuchert von alleine, manches braucht Pflege, und alles ist dem Wandel der Jahreszeiten und dem Prozeß von Werden und Vergehen unterworfen.

Das Subjekt konstituiert und transformiert sich in und über Erfahrungen. Im französischen „expérience" kommt der Doppelcharakter dieses Begriffs besser zum Ausdruck als im Deutschen. Expérience meint gleichermaßen Erfahrung (das aktuell oder früher Erlebte) und Experiment (das Mögliche; das, was ausprobiert werden kann).

Die Entscheidungen des Subjekts im Hinblick auf die Art und Weise der ästhetischen Gestaltung der Existenz liegen im Bereich persönlicher Wahlen, die allerdings nicht beliebig und nebenbei erfolgen. „Die persönliche Wahl ist ein Akt der Freiheit, aber nicht der Willkür. Sie findet nicht in einem luftleeren Raum statt, sondern vollzieht sich sehr wohl in einem Horizont von Gründen, die weder beliebig noch arbiträr sind: Vor dem Hintergrund historischer und vielleicht biographischer Erfahrungen, in der Konfrontation mit aktuellen Problemen und insbesondere dem Problem des Intolerablen, in der kritischen Haltung gegenüber jeglicher Normierung, in der Auseinandersetzung mit bestimmten Machtverhältnissen" (a.a.O., S. 288 f.).

Gibt es dabei eine Richtschnur, ein kritisches Prinzip, ein Aussenkriterium, anhand dessen das sich selbst konstituierende und transformierende Subjekt überprüfen kann, ob die persönliche Wahl eine „gute" ist, ob sie sich als weiterführend und konstruktiv vor dem Hintergrund individueller, biographischer und kollektiver, historischer Erfahrungen erweist?

Doch, es gibt ein Überprüfungskriterium. In Abgrenzung zu Kants „Kategorischem Imperativ" führt Foucault den „*Hypothetischen Iterativ*" als kritisches Prinzip ein. Der Hypothetische Iterativ stützt sich auf Nietzsches Gedanken von der „Ewigen Wiederkehr" und meint inhaltlich, daß man so handeln soll, als würde dasselbe immer wiederkehren. Mit Nietzsches eigenen Worten:

„Siehe, wir wissen, was du lehrst: daß alle Dinge ewig wiederkehren und wir selber mit, und daß wir schon ewige Male dagewesen sind, und alle Dinge mit uns. Du lehrst, daß es ein großes Jahr des Werdens gibt, ein Ungeheuer von großem Jahre: das muß sich, einer Sanduhr gleich, immer wieder von neuem umdrehn, damit es von neuem ablaufe und auslaufe: – so daß alle diese Jahre sich selber gleich sind, im Größten und auch im Kleinsten, so daß wir selber in jedem großen Jahre uns selber gleich sind, im Größten und auch im Kleinsten".

(Nietzsche, *Also sprach Zarathustra*, S. 244f. [Ausgabe von 1975])

An der Beantwortung der Frage an sich selber, ob man sich vorstellen kann, das eigene Leben mit der konkreten Gestalt, die man ihm verliehen hat, und den jeweils getroffenen Entscheidungen noch einmal ganz genauso zu leben, wird sich klären, ob die persönlichen Wahlen dem Prüfstein standhalten.

Gibt es einen Ertrag für die Burnout-Prävention?

Was bringt dieser Ausflug in die Antike und in die Philosophie nun an Impulsen für die Burnout-Prävention? Wie bereits erwähnt, weigert sich Foucault, konkrete Vorschläge zur Selbstformung zu machen, mit dem Hinweis, es könne schließlich jeder selber denken. Auf einer allgemeineren Ebene erweisen sich jedoch viele Aspekte der antiken Selbstsorge-Praxis für den Umgang (post-)moderner PsychotherapeutInnen mit sich selbst als brauchbar und konstruktiv. Im ersten Teil dieses Buches wurde ausgeführt, inwiefern zur Entstehung und Aufrechterhaltung von Burnout individuelle, institutionelle und gesellschaftliche Bedingungen beitragen. In der Selbstsorge sind alle drei Ebenen miteinander verschränkt. Der Selbstbezug bringt, in der Art wie Foucault diesen Begriff entfaltet, individuelle *und* kollektive Effekte hervor. Schon darum ist er als Gegenbegriff zu Burnout interessant.

Zentral ist der Foucaultsche Gedanke vom Anderswerden als einer grundsätzlichen Bereitschaft zum Perspektivenwechsel. In dieser Bereitschaft liegt eine wesentliche Vorbedingung, um mit Unsicherheiten und Ambivalenzen umgehen zu können, um also über eine der Schlüsselqualifikationen in der Risikogesellschaft zu verfügen.

> *„Kaum sind wir heimisch einem Lebenskreise*
> *Und traulich eingewohnt, so droht Erschlaffen,*
> *Nur wer bereit zu Aufbruch ist und Reise,*
> *Mag lähmender Gewöhnung sich entraffen"*

(Hesse, *Das Glasperlenspiel*, S. 484 [Ausgabe von 1972])

Die Kennzeichnung der Selbstsorge als einer Befähigung, sich in Machtbeziehungen zurechtzufinden, ist aus zwei Gründen für PsychotherapeutInnen relevant:

Erstens: Sie enthält eine Ermutigung, sich unter komplexen und schwierigen Arbeitsbedingungen nicht als ohnmächtiges Opfer der Strukturen und der Institutionen zu definieren, sondern Wege zu suchen, diese Umstände aktiv zu beeinflussen – immer im Bewußtsein, daß die „Widerstandspunkte" mit ins strategische Spiel der Macht gehören. Hier werden Vorschläge wie die „Pflege einer politischen Kultur", zum Beispiel in Verbänden und Organisationen, oder der Aufbau von Unterstützungsnetzwerken wichtig.

Zweitens: Der Hinweis von Marc Aurel, man solle sich vor dem „Verkaisern" hüten, gilt sicherlich auch für PsychotherapeutInnen. Auch das Therapiezimmer ist kein machtfreier Raum. Darum gehört es zur Selbstsorge, Räume zu schaffen, in denen die Berufsrolle zurücktritt, und in der Berufsrolle darauf zu achten, die eigene Einflußnahme auf die KlientInnen wahrzunehmen und zu kontrollieren, etwa durch Supervision.

Alles, was über die besondere Rolle des Philosophen gesagt wurde, ist auch für die Gestaltung der therapeutischen Beziehung von Bedeutung:

1. Nur wenn auch die PsychotherapeutIn sich um Selbstsorge bemüht, ist sie glaubwürdig und kompetent, andere in ihrer Selbstsorge zu unterstützen.

2. Die Ausbildung eines bestimmten persönlichen therapeutischen Stils in der Anleitung der KlientIn bei ihrer Selbstsorge gehört wesentlich zur Selbstformung der TherapeutIn.

3. Zur Selbstsorge gehört es, den jeweils passenden Platz in den unterschiedlichen Lebensbereichen einzunehmen. Für psychosoziale Praktiker könnte das bedeuten, herauszufinden, welche Aufgabenschwerpunkte dem einzelnen besonders liegen und ein dementsprechendes Tätigkeitsfeld zu suchen oder zu gestalten.

4. Ressourcenpersonen spielen eine wichtige Rolle bei der Selbstsorge. Gerade TherapeutInnen, die selbst andere Menschen professionell unterstützen, brauchen ihrerseits Unterstützung durch FreundInnen, RatgeberInnen, ein wohlwollendes Gegenüber, das ihnen „die Wahrheit sagt". Vorsicht: Den Partner/die Partnerin nicht „aussaugen".

5. Die Selbstsorge trägt zwar dazu bei, berufliche wie private Beziehungen zu anderen aufmerksam zu gestalten, aber sie legitimiert sich nicht darüber. Zwar profitiert die therapeutische Beziehung von der Selbstsorge der TherapeutIn, aber die Aufgabe, sich um sich selbst zu kümmern, hat auch eine davon unabhängige Daseinsberechtigung, stellt einen Wert für sich dar.

6. TherapeutInnen brauchen Zeit und Freiräume für ihre Selbstsorge, das heißt sie müssen dafür sorgen, daß sie ausreichend Gelegenheit dazu haben, auch wenn das sicherlich leichter gesagt und geschrieben als getan ist.

Groneveld-Berneking (1992) schlägt ebenfalls in Anlehnung an Foucault die Selbstsorge als Burnout-Prävention für BeraterInnen vor. Dabei legt er ganz besonderes Gewicht auf den Privatraum von BeraterInnen. Er regt an, sich detailliert mit den eigenen Bedürfnissen in allen Bereichen des Privatlebens zu befassen: Wohnumstände, finanzielle Ressourcen, Beziehungen zu anderen Menschen des eigenen und des anderen Geschlechts, Kontaktfähigkeit, Umgang mit allen Gefühlsfacetten, Beziehung zum eigenen Körper, Umgang mit den eigenen erotischen und sexuellen Bedürfnissen, Verhältnis zur Selbstverantwortung und zu den persönlichen Grenzen, zu Leitbildern und zur Spiritualität. Dabei geht es jeweils darum, Wunsch und Wirklichkeit zu vergleichen und im Falle von Diskrepanzen zu ergründen, wie diese zustandekommen und ob es Möglichkeiten zur Veränderung gibt. Also eine kritische Beleuchtung der eigenen Fähigkeiten zur Selbstgestaltung in Form einer „revision de vie".

Im letzten Teil soll der umgekehrte Weg gegangen werden: Es geht uns nicht um ein Abschreiten aller wichtigen Bereiche der Selbstsorge. Vielmehr werden einzelne PsychotherapeutInnen exemplarisch daraufhin befragt, wie sie Selbstsorge üben, wie sie dafür sorgen, nicht auszubrennen, welche Gestaltungsformen sie für ihr Leben gewählt haben und welchen Einfluß das auf ihr Wohlbefinden hat. Sie als Leser/Leserin können diese Überlegungen auch für sich selbst anstellen: Wie sorgen Sie dafür, nicht auszubrennen? Wie gestalten Sie Ihr Leben? Wie praktizieren Sie Ihre Selbstsorge?

III. Gespräche

Wie praktizieren Psychotherapeut-Innen die „Sorge um sich"?

„Prüfe Dich in Deiner Lebensweise,
beobachte, was Dir schlecht bekommt und meide es.
Denn nicht alles ist für alle gut,
nicht jeder kann alles wählen."

(Jesus Sirach, 37, 27-28)

„Wie sorgst Du für Deine persönliche Lebens- und Arbeitsqualität?" Vier Kurzportraits und ein Interview

Über Selbstsorge nachzudenken und zu schreiben, ist mit Sicherheit leichter, als sie in konkrete Handlungen umzusetzen. Kann sie überhaupt „vollständig" gelingen oder bleibt sie permanenter Anspruch, ständiges Programm? In diesem Kapitel kommen einige der Erfahrungen zur Sprache, die vier Psychotherapeutinnen mit der Selbstsorge gemacht haben, sowie ihre subjektiven Theorien (vgl. Scheele, 1991) darüber, wie sie dafür sorgen, nicht auszubrennen.

Die folgenden Ausführungen basieren auf fünf von mir (B.G.) geführten Gesprächen und sind daher in der Ich-Form gehalten. Auswahlkriterium der Gesprächspartnerinnen war – im Sinne einer Ressourcenorientierung – daß sie psychotherapeutisch arbeiten und daß es ihnen gut damit geht – zugegeben ein ziemlich vages Kriterium. Ich habe vier Therapeutinnen um ein Gespräch gebeten, die mir persönlich aus unterschiedlichen Kontexten (früheres Studium, Berufstätigkeit, Praktikum, therapeutische Zusatzausbildung) bekannt waren und von denen ich den Eindruck hatte, daß sie etwas zum Thema Selbstsorge beitragen könnten. Nur Gisela Helmrich war mir vor dem Gespräch nicht persönlich bekannt. Zudem habe ich darauf geachtet, daß meine Gesprächspartnerinnen hinsichtlich ihres Alters, der Dauer ihrer Berufserfahrung und ihres konkreten Arbeitsrahmens nicht zu ähnlich sind:

Maria Blum ist Psychotherapeutin in freier Praxis, 47 Jahre alt und arbeitet seit etwa fünfzehn Jahren therapeutisch. Sie ist in Gestalttherapie und systemischer Familientherapie ausgebildet.

Ulrike Wagner arbeitet als Psychologin in einer psychiatrischen Einrichtung. Sie ist 55 Jahre alt und seit über 18 Jahren in psychosozialen Arbeitsfeldern tätig. Sie ist Psychodramatherapeutin.

Martina Leineweber, 34 Jahre alt, seit acht Jahren therapeutisch tätig, ist Psychologin in einer Beratungsstelle kirchlicher Trägerschaft. Sie hat eine Ausbildung in Gesprächspsychotherapie und befand sich zum Zeitpunkt des Gesprächs in einer gestalttherapeutischen Zusatzausbildung.

Friederike Jansen ist 36 Jahre alt und arbeitet als freie Psychotherapeutin in einer Gemeinschaftspraxis. Sie ist ausgebildet in Gesprächs-, Körper- und Verhaltenstherapie.

Gisela Helmrich ist Professorin für Psychologie, Supervisorin und Psychoanalytikerin Jungscher Prägung. Sie arbeitet seit sechsundzwanzig Jahren als Psychotherapeutin.

Alle Namen wurden geändert. Darüber hinaus wurden alle Details verändert, die die Anonymität meiner jeweiligen Gesprächspartnerin gefährdet hätten.

In den ersten beiden Gesprächen (mit Maria Blum und Ulrike Wagner) stellte ich die Frage, warum sie ausgerechnet Therapeutin geworden sind. Dabei merkte ich, daß dieses Thema zwar durchaus mit der Frage der Selbstsorge verbunden, aber auch sehr umfangreich ist – ein weites Feld. Darum habe ich in den weiteren Gesprächen, zumal diese zeitlich enger begrenzt waren, auf die Frage nach der Berufsmotivation verzichtet. Eine Frage, die ich in den letzten drei Gesprächen von mir aus aufgeworfen habe und die sonst möglicherweise nicht zur Sprache gekommen wäre, ist die nach den politischen Implikationen der Arbeit. Zu dieser Frage hat mich einerseits die Beschäftigung mit den gesellschaftlichen Einflüssen auf professionelles Helfen motiviert. Andererseits dachte ich dabei an die antike Sicht der Selbstsorge. Dort wird ja der Gemeinschaftsbezug als wesentlicher Bestandteil der Selbstsorge gesehen. Im Nachhinein fallen mir zusätzliche Themen auf, die ich noch gerne zur Sprache gebracht hätte. Das betrifft in erster Linie die Frage nach der Bedeutung von Partnerschaft oder Singledasein für die Selbstsorge und zum zweiten die Frage nach der Macht in therapeutischen Beziehungen und deren Einfluß auf den Umgang des

Therapeuten/der Therapeutin mit sich selbst. Das Thema Partnerschaft kommt im Gespräch mit Maria Blum und mit Gisela Helmrich zur Sprache. Das Thema Macht kommt zwar eigentlich in allen Gesprächen, allerdings nur indirekt vor. Über die Gründe für die spärliche Beachtung dieser Themen kann ich nachträglich nur spekulieren. Einen Einfluß darauf hat sicher, daß die Schwerpunkte meiner Auseinandersetzung mit unterschiedlichen Aspekten der Burnout-Prävention sich im Laufe der Monate immer wieder verschoben haben. Sicher ist das, was nicht gesagt wurde, vermutlich genauso aussagekräftig, wie das, was gesagt wurde. Insofern sind auch die Leerstellen Bestandteil der Gespräche.

Gisela Helmrich habe ich ausdrücklich als „Expertin" für Burnout(-Prävention) befragt, obwohl auch die vier anderen natürlich Expertinnen ihrer eigenen Selbstsorge sind. Dadurch, daß sie als Professorin für Psychologie und als frei praktizierende Psychotherapeutin tätig ist, hat sie gewissermaßen eine Doppelrolle inne: Sie bildet professionelle HelferInnen aus, behandelt Burnout(-Prävention) als Lehrgegenstand und ist selbst in einem helfenden Beruf tätig. Das findet unter anderem darin Ausdruck, daß das Gespräch mit ihr sich nicht vorrangig um persönliche Erfahrungen, sondern um eine allgemeinere Reflexion der Thematik dreht. Insofern werde ich mit diesem Gespräch anders umgehen als mit den anderen. Ich werde es nicht als Kurzportrait zusammenfassen, sondern in der Gesprächsversion belassen.

Maria Blum

„Ich kann wirklich die Treppe raufgehen aus'm Keller und hab den Klienten vergessen. Und wenn er's nächste Mal kommt, hab ich sofort

alles wieder da. Und umgekehrt. Wenn ich die Treppe runtergehe, habe ich die Familie vergessen. Das habe ich wirklich geübt über all die Jahre. Das kann ich unheimlich gut."

Therapeutin ist sie geworden, weil sie einmal die Erfahrung gemacht hat, daß es ihr selber nützte, problematische Seiten ihres Lebens mit therapeutischer Unterstützung zu betrachten: „Ich muß das nicht alles wegpacken. Ich kann mich dem auch stellen, ohne unterzugehen." Therapeutisch arbeiten heißt für Maria Blum nicht, „therapeutisch auf pathologische Fälle" einzuwirken, sondern sie sieht sich als jemand, die andere in deren Art zu Leben begleitet. Im Laufe von fast zwanzig Jahren Berufspraxis hat sie ihren ganz eigenen Stil entwickelt. Dazu gehören auch die „vertrauten Momente des Selbsthinterfragens". Früher spontaner, mutiger und unvoreingenommener als heute, haben Erfahrungen sie nicht ängstlich gemacht, aber vorausschauender. Ihre Spontaneität will sie nicht einbüßen – sie hat viel Erfolg damit gehabt. Heute sieht sie ihre Arbeit eher aus dem Blickwinkel der Professionalität: „Ich glaube, ich bin im Laufe dieser Praxis immer professioneller geworden. Mit allen Vorteilen und auch Nachteilen, die das hat."

Die Notwendigkeit einer sorgfältigen Abstimmung von Familienleben und Beruf ist vielleicht etwas, das sie mit vielen Frauen ihrer Generation teilt. Lange stand die Familie an erster Stelle, die Berufstätigkeit war eher Freizeit: „Ich hatte so vor fünf, sechs Jahren nicht das Gefühl, daß ich ausgebrannt bin von meiner beruflichen Arbeit, sondern daß ich so'n Burnout-Syndrom eher hab, was die Familie angeht. Und daß mir meine professionelle Arbeit eigentlich immer der Kraftspender war. Da kriegte ich Anerkennung. Da kriegte ich Geld. Da kriegte ich

Förderung meiner Person. Da mußte ich meinen Kopf anstrengen. Da mußte ich mich überdenken. Und das war für mich – ich hab das auch immer so erlebt – so was wie 'n Hobby. Meine Arbeit ist mein Hobby."

Nach der Geburt ihres jüngsten Kindes hat sie die Gewichtung verschoben und in einer längeren Auseinandersetzung mit ihrem Partner dem Beruf den gleichen Stellenwert erkämpft. Jetzt, angesichts ihrer therapeutischen Tätigkeit von über vierzig Stunden in der Woche, sieht sie die Familie als Gegenpol. Die Familienarbeit ist keine Entspannung, sondern eine neue Anspannung, aber „das hat insofern erholsamen Wert, als es mich so ganz weg bringt aus diesen beruflichen Zusammenhängen". Als Beziehungsarbeiterin in zwei ausgedehnten Lebensbereichen (Therapeutin *und* Mutter von vier Kindern) spürt sie, daß die Entspannung zu kurz kommt. Dem versucht Maria Blum mit fest eingebauten „Traditionen" entgegenzuwirken. Einmal im Jahr fährt sie eine Woche allein weg, ohne Kinder, ohne Mann. Einmal im Monat trifft sie sich mit einem guten Freund: „Ja, und wir zwei gehen dann vom Nachmittag bis in den Abend rein, wir spazieren und essen und machen so 'n freundschaftlichen Tag und Abend. [....] Ich treffe mich, ich alleine, nicht als Familie oder auch nicht als Paar, ich treffe mich mit jemand anderem und wir sprechen über Dinge, über die man nur mit Freunden spricht, zum Beispiel auch über Probleme in der Partnerschaft oder Probleme in der Familie oder Probleme in der Arbeit."

Das Zusammenspiel von Rhythmus und Veränderung ist prägend für die Lebensgestaltung von Maria Blum. So setzt sie ganz bewußt Strukturen: „Und bisher hab ich mir meine Epochen ja immer so gesetzt, daß ich dann immer 'n Kind gekriegt hab. Alle sieben Jahre hab ich ja ein Kind gekriegt. Und das waren immer auch Einschnitte in meinem beruflichen Leben. Da hab ich dann jedesmal die Schwerpunkte anders verteilt." Strukturen auch im Detail: Jahrelang gepflegte Gedankendisziplin auf der Kellertreppe. Wenn sie zu ihrem Arbeitsraum hintergeht, vergißt sie die Familie, wenn sie die Treppe wieder hinaufsteigt, vergißt sie die KlientInnen: „Also das, was jetzt ist, ist mir ganz wichtig und darauf habe ich geübt, mich zu konzentrieren und zwar ganz, mit Haut und Haaren. Und das habe ich eigentlich immer gemerkt, daß mir das sehr gut bekommt und daß ich dann auch sehr, sehr leistungsfähig werde. Wenn ich mich nicht an das klammere, was da gestern war, sondern jetzt das mache, was jetzt ist."

Ihr Körper ist ihr ein wichtiger Wächter der Selbstsorge, ein Barometer dafür, wie gut sie mit sich selbst umgeht. Herzjagen ist ein Alarmsignal, das sie sehr ernst nimmt. „Und dann habe ich ja als zweites körperliches Barometer, mein Ohr. Ich hatte doch mal 'nen Gehörsturz vor vielen Jahren. [...] Und wenn ich zuviel tue, wenn ich nicht gut für mich sorge, wenn es mir zuviel wird, was auch immer, dann geht auf dem linken Ohr das Hörvermögen zurück. Dann kommt immer dieser Satz: Ich kann es nicht mehr hören. Und dann ist mir das sehr einleuchtend." Darauf reagiert Maria Blum unmittelbar mit Veränderungen. Sie streicht im Terminkalender, sie nimmt sich Raum für Abstand von KlientInnen und Familie, sie klärt das, was sich außen und innen aufgestaut hat.

Nach den Zielsetzungen ihrer Arbeit gefragt, sind Maria Blum zwei einander ergänzende, komplementäre Facetten ihrer therapeutischen Tätigkeit wichtig. Dazu, „daß so jeder seins findet" möchte sie mit ihrer Arbeit ermutigend und konfrontierend beitragen. Und (nicht: aber!) die Verflechtungen der/des Einzelnen in Beziehungen, Bedingtheiten, Abhängigkeiten, die Tatsache, daß jede/r auch Teil verschiedener Bezugsgruppen ist, nimmt Maria Blum gleichermaßen in den Blick: „Ich hab überhaupt keine Ambitionen, da so kleine Egoisten oder große Narzißten zu fördern, sondern sehr wohl auch auf Zusammenhänge zu gucken und Leuten Zusammenhänge nutzbar zu machen, ihnen dabei behilflich zu sein, daß sie sich diese nutzbar machen können."

Für Maria Blum ist wichtig, daß sie nicht innerhalb festgelegter Grenzen arbeitet, sondern viele Alternativen und Erweiterungsmöglichkeiten für sich sieht: „Ich bin ganz gespannt darauf, wie sich das weiter entwickelt mit mir. Es gibt viele Möglichkeiten. Und das gibt mir auch immer ganz viel Kraft: mich nicht festgelegt fühlen. Ich könnte das machen und das machen und das könnte ich auch machen. Ich könnte mich im therapeutischen Bereich spezialisieren. Ich könnte aber auch sagen: ich mach jetzt einfach sehr viel weniger und bau' noch 'nen ganz andren Bereich auf und verstärke den." Die Tatsache, daß sie sich ihre Arbeitsziele selbst setzt, anstatt nach Anweisungen von oben oder außen zu handeln, empfindet sie als Beheimatung und als Privileg. „Ich fühle mich – das denke ich ganz, ganz oft – ich fühle mich in meinem Beruf, in dem, was ich da beruflich tun kann, wirklich sehr beheimatet. Ich fühl' mich damit sehr privilegiert. Eine Arbeit tun zu dürfen, mit der ich wirklich moralisch, ethisch einverstanden bin. Mit der ich mich identifizieren kann."

Dazu paßt, daß sie das Ende ihrer Berufstätigkeit nicht herbeisehnt: „Ich gehe nämlich davon aus, daß ich sehr alt werde. Und ich werd' bestimmt arbeiten, bis ich siebzig bin."

Ulrike Wagner

„Ich kann mittlerweile sehr gut diagnostizieren. Und von daher hab ich auch meinen Stand und ich hab im Grunde, und das ist auch schön, ich hab auch viel Erfolg..."

Als einzige Nicht-Medizinerin hat sie eine Sonderrolle im Team der psychiatrischen Einrichtung, in der Ulrike Wagner seit 15 Jahren arbeitet. Trotz ihrer anderen Berufszugehörigkeit „schimpft sich das ‚Ärzteteam'", wie sie anmerkt, um gleich hinzuzufügen: „Aber das stört mich nicht". Durch ihre Kompetenz, vor allem was die Sicherheit im Diagnostizieren psychiatrischer Störungsbilder angeht, und ihre Spezialisierung auf Eßstörungen hat sie sich im Laufe der Jahre ihre Position erarbeitet und einen gewissen Einfluß gewonnen: „Also, die hören schon auf mich, der Chef, die Oberärztin. Wenn ich 'ne andere Diagnose stelle, wenn ich sag: Das ist verdächtig oder da müssen wir nochmal hingucken, dann hören die auf mich. Da hab ich einfach mit der Zeit ein Gefühl entwickelt dafür."

Ein eindrucksvolles Beispiel der offensichtlich schwierigen, aber erfolgreichen Abgrenzung von ärztlichen Standesrechten bietet Ulrike Wagners Schilderung der Auseinandersetzung um das Statussymbol des weißen Kittels: „Die müssen erst alle mit mir rivalisieren, weil ich kein Arzt bin. Das steckt so drin. Am Anfang hab ich mich darüber schrecklich aufgeregt. Da fing der Mensch erst mit 'nem weißen Kittel an, sozusagen. Am Anfang wollten die mich in 'nen grünen Kittel stecken. Hab ich gesagt: Ich zieh keinen grünen Kittel an."

Regelmäßig kommen junge AssistenzärztInnen, um in Ulrike Wagners therapeutischen Gruppen zu hospitieren, von ihrer Arbeit zu lernen und sie auch während ihres Urlaubs zu vertreten. Abgesehen davon, daß sie sich vorbehält, solche abzulehnen, die nicht hineinpassen, die „zu doll mit mir rivalisieren", legt sie auch die Spielregeln und die Rollenverteilung für die Zusammenarbeit fest: „Wenn die mit weißem Kittel kommen, dann gehe ich zu denen und sag: Bitte, den Kittel ausziehen. Das paßt ja nicht. Also: Was brauchen die 'nen weißen Kittel in der Gruppe?"

Ihr heutiger Umgang mit rivalisierenden ärztlichen KollegInnen gehörte nicht immer zu ihrem Verhaltensrepertoire: „Am Anfang hab ich mir mehr bieten lassen." Auch sonst blickt sie mit einer gewissen Distanz und Selbstironie auf ihre Anfänge im psychiatrischen Arbeitsfeld zurück, wo sie Ehrenamtlichengruppen für die Betreuung psychisch kranker Menschen aufbaute: „Und ich hab denen was erzählt – nein, nein, nein. Alles Bücherweisheiten. Ich hab denen die tollsten Geschichten erzählt über Schizophrenie. Wenn ich da nur dran denke: Das war ja wohl der letzte Schwachsinn."

Zu den Bereichen, die sie heute anders handhabt als früher, gehört auch, daß ihr mittlerweile die Freizeit heilig ist. Früher hat sie regelmäßig nach der Dienstzeit noch ehrenamtliche Gruppen begleitet. Das hat sie abgestellt: „Und ich bin jetzt froh, daß ich das geändert hab. Habe ich erst dieses Jahr geändert. Warum, weiß ich nicht. Hat sich so ergeben. Und ich hab auch irgendwann gedacht: Nee, das ist eigentlich blöd. Das gehört doch zu Deiner Arbeit. Das kannst Du doch unter Deinen Beruf packen. Und ich hab das auch mit dem Chef so verhandelt. Ja. Und jetzt bin ich froh, daß ich's verändert hab. Daß ich jetzt keine Überstunden mehr mache. Das find ich ganz wichtig." Als

152

mitverantwortlich für die jahrelangen unbezahlten Überstunden sieht sie den ehemaligen Verwaltungschef, der „keinen Sensus" für diese Art der Arbeit hatte.

Eine weitere Maßnahme gegen Überstunden ist Ulrike Wagners sorgfältige Arbeitsorganisation und Zeitplanung. Das betrifft sowohl die Erledigung der notwendigen schriftlichen Arbeiten, als auch die Ökonomie bei den Kontakten mit den KlientInnen: „Nicht nach dem Motto vorgehen: Viel bringt viel. Das stimmt nämlich nicht. Und ruhig auch mal Grenzen ziehen. Auch gerade bei Patienten. Grenzen setzen. Das hilft den Patienten. Und das hilft mir. Also: Sinnvoll mit Zeit umgehen. Nicht jetzt – die Patienten sind manchmal unersättlich. Das geht nicht. Man darf sich nicht auffressen lassen. Beizeiten Grenzen setzen."

Die Heiligung der Freizeit beginnt für Ulrike Wagner bereits auf der Heimfahrt. „Ich muß ehrlich sagen: Ich kann unheimlich gut abschalten. Wenn ich hier über den Rhein fahre, dann hab ich abgeschaltet."

Vor einigen Jahren hat sie eine Phase erlebt, die sie rückblickend mit Burnout in Verbindung bringt. Wegen angeblicher Kompetenzüberschreitung hatte ihr der bereits erwähnte Verwaltungschef zwei Abmahnungen erteilt und die Kündigung angedroht: „Ja. Dieser Konflikt mit dem Verwaltungsdirektor. Das war wohl schon so was wie Ausbrennen. Da hab ich mich manchmal so gefühlt. Vor allem: So demütigend war das. Wenn man das Gefühl hat, man tut nichts anderes als seine Pflicht und setzt sich ein und tut eigentlich mehr als man muß." Auf diese Auseinandersetzung kommt sie im Laufe des Gesprächs mehrmals zurück. Es war für sie „ein ganz mieses Gefühl". Allerdings sieht sie ihren Konflikt in Zusammenhang damit, daß generell in

Krankenhäusern die Einflußmöglichkeiten falsch verteilt sind: „Ich denke, die Verwaltung hat in Kliniken viel zu sagen. Eigentlich sind die meines Erachtens zu mächtig, mit viel zu viel Macht ausgestattet."

In den Kontext dieser schwierigen Zeit stellt sie einen Unfall, den sie damals hatte. Sie stürzte von einer Leiter und brach sich das Fersenbein. Daraufhin war sie drei Monate krankgeschrieben. Allerdings erzählt Ulrike Wagner auch von anderen Bewältigungsstrategien, die ihr damals geholfen haben: „Zum Beispiel Nähen: Das entspannt mich sehr. An der Nähmaschine – oh, da kann ich Aggressionen loslassen." Fahrradfahren, Schwimmen und Saunen haben für sie ebenfalls eine Entlastungsfunktion: „Saunen tue ich unheimlich gern. Da habe ich immer das Gefühl, daß ich wirklich den ganzen Schmutz und was nicht alles rausschwitze. Dann geht's mir immer sehr gut. Und das habe ich da auch gemacht. Einfach so 'n Gefühl von Loslassen. Alles, was eigentlich nicht in den Körper oder in die Psyche gehört oder nicht paßt. Das einfach so rausschwitzen."

Daß sie sich mit ihrer Arbeit wohl fühlt, kommt unter anderem darin zum Ausdruck, daß sie sich nicht vorstellen kann, nach ihrer Pensionierung völlig auszusteigen: „Man könnt's immer mal besser machen, aber man hat ja auch nicht jeden Tag 'nen guten Tag. Im großen Ganzen bin ich schon zufrieden. Daß ich ganz aufhöre, das kann ich mir gar nicht vorstellen. Mir schwebt vor, wenn ich aufhöre hier, daß ich dann noch zuhause Supervision gebe."

Während der Arbeit gehört für Ulrike Wagner das Lachen zur Psychohygiene. Besonders bei der Arbeit mit den jüngeren Patienten, mit denen sie gern umgeht, weil sie „selbst auch ein Stück dabei jung" bleibt, ist für sie Humor wichtig: „Grad in der jungen Gruppe. Macht mir Spaß. Und die merken das. Ich kann mit denen flachsen und Witze machen und so humorvoll umgehen. Und das haben die eigentlich sehr gern, die jungen Leute. Die sehn ja oft alles so verbissen und so grau in grau."

Es hat viele Vorteile, lange auf derselben Stelle zu arbeiten. Das betrifft nicht nur die Anerkennung von Seiten der ärztlichen Kollegen und des Chefs, der ihr in Konfliktfällen mit unzufriedenen Patienten oder Angehörigen den Rücken stärkt, sondern auch die Möglichkeit, selbst lange nach Abschluß einer Therapie noch Rückmeldungen von Patienten zu erhalten. „Oft hör ich jahrelang nichts. Und dann krieg ich plötzlich 'ne Karte zu Weihnachten von irgendwoher, von Teneriffa oder was weiß ich. Und dann schreiben sie mir aus dem Urlaub. [....] Vor kurzem hat mich ein Patient besucht, der war vor zehn Jahren genau an dem Tag, wo ich ihn entlassen hab, zehn Jahre später kam der her und hat sich bedankt. Kam mit seiner Tochter her. Das war so ziemlich ganz nett. Weil das dann auch so lang her ist, ne? Und daß man dann noch so in deren Köpfen steckt."

Ulrike Wagner legt Wert darauf, die eigene Sicht von den Problemen ihrer Patienten in Frage zu stellen, zu relativieren: „Es gibt auch ein Stück Sicherheit. Man ist nie ganz sicher. Das darf man, glaub ich, in unserem Beruf auch nicht." Bei allem eigenen Bemühen ist es Ulrike Wagner wichtig, die Autonomie ihrer Patienten zu achten: „Der Grund ist, daß ich die Menschen wieder auf den Weg bring. Auf ihren Weg. Ganz einfach. Wie immer der auch aussehen mag. Und daß ich die an der langen Leine lassen kann. Und auch loslassen kann. Das find ich wichtig. [...] Man sagt, der Weg ist das Ziel. Ich kann eigentlich nur helfen, einen Weg zu finden, mit denen, die in ihrem Loch sitzen, einen Weg zu finden."

Martina Leineweber

„Ich bin mir wichtiger geworden. Am Anfang hab ich ganz viel gear-beitet und noch nicht mal die Überstunden abgefeiert. Hab' mich für alle möglichen Klienten verantwortlich gefühlt. Das ist jetzt anders. Ich sorge besser für mich."

Die erste Reaktion auf meine Bitte, darüber zu sprechen, wie sie dafür sorgt, daß es ihr mit der Arbeit gut geht und sie nicht ausbrennt, ist eine Abgrenzung: „Also erstens geht es mir nicht immer gut." Vermutung, ich wolle nur von der „Schokoladensei-te" ihrer Berufs- und Lebensgestaltung hören? Aufforderung an mich als Gesprächspartnerin, mich um eine vollständige, nicht idealisierende Wahrnehmung zu bemühen?

Ein wichtiges Element der von Martina Leineweber praktizier-ten Burnout-Prävention sind verschiedene Aktivitäten, die sie in Abstand zu ihrer Arbeit an der Beratungsstelle bringen und die sie auch gezielt dazu einsetzt. Das stärkste Gewicht legt sie dabei auf Supervision und auf ihre – mittlerweile zweite – thera-peutische Zusatzausbildung: Nach einer gesprächspsychothera-peutischen Ausbildung lernt sie nun Gestalttherapie. Als beson-ders wohltuend erlebt Martina Leineweber es, einmal selbst im Mittelpunkt zu stehen: „Also es ist schon wichtig, Zuwendung und Aufmerksamkeit zu kriegen, [...] und es ist wichtig, in der Gruppe für mich 'ne Möglichkeit zu haben, bei mir selber ge-nauer gucken zu können, um weiter zu kommen. Daß ich in

Gruppen im Mittelpunkt bin und nicht meine Klienten, daß ich da eher die Position habe, die sonst meine Klienten haben. Und daß ich das Gefühl hab, ich krieg da viel zurück in solchen Gruppen." Daneben ist ihr auch wichtig, dort Neues kennenzulernen, was sie im Berufsalltag ausprobieren und anwenden kann. Qualitätssicherung ihrer Arbeit und Selbstschutz im Hinblick auf Burnout gehören für sie zusammen: „Das ist wirklich total wichtig, als Schutz vor dem Ausbrennen. Und als Schutz davor, 'ne schlechte Arbeit zu machen." Urlaub („am Meer, mit viel draußen sein"), Zen-Meditation („Schweigen, bei sich bleiben, zur Ruhe kommen"), Klavierspielen („ganz andere Materie") und Bauchtanz sind weitere Möglichkeiten, sich Kontrasterfahrungen zu ihrem therapeutischen Alltag zu schaffen: „Und dann merk ich, oh ja, da kann ich völlig bei abschalten. Und ja, auch neue Energien sammeln. Und das ist für mich das Wichtige. Ja, ich glaub, „Raus" ist für mich was total zentrales. Also rauszugehen aus diesem Umfeld und irgendwas ganz anderes zu machen." Das ist für sie die Voraussetzung, den Spaß an der Arbeit nicht zu verlieren und ihren KlientInnen mit Offenheit und Wertschätzung zu begegnen.

Während der Arbeitszeit erlebt sie Einzelfallbesprechungen mit einer Kollegin und die Teamsupervision als hilfreich, aber auch kurze, informelle Entlastungsgespräche zwischen den Kliententerminen: „Es ist ja wirklich gemein, aber ich weiß, daß es der Psychohygiene dient, auch einfach mal sich über irgendwelche Klienten lustig zu machen. Also die einfach auch mal 'n bißchen durch den Kakao zu ziehen. Oder sie nachzumachen, wenn ich merk, das entlastet auch." Perspektivisch hat sie Lust, auch teamübergreifende Zusammenarbeit auszuprobieren, z.B. zusammen mit dem Kollegen, der für Schuldnerarbeit zuständig ist, eine Gruppe anzubieten. Andererseits ist das Team nicht immer eine Quelle der Unterstützung. Insbesondere wenn sie sich sehr erschöpft fühlt und daraus die Konsequenz zieht, etwas kürzer zu treten, kann sie nicht unbedingt auf das Verständnis ihrer KollegInnen hoffen: „Da erlebe ich das Team teilweise auch nicht als unterstützend, sondern als den Druck verstärkend."

Im direkten Kontakt mit ihren KlientInnen achtet Martina Leineweber inzwischen – im Gegensatz zu der Zeit ihres Berufseinstiegs vor acht Jahren – darauf, sich nicht zu sehr für ihre KlientInnen verantwortlich zu fühlen: „Mich nicht mehr so doll anzustrengen. Und die KlientInnen auch öfter anzusprechen: Was brauchst Du jetzt? Also sie jetzt mehr in die Verantwortung zu nehmen." Was sich im Zusammensein zwischen Martina Leineweber und ihren KlientInnen abspielt, beeinflußt deutlich ihr Wohlbefinden: „Wenn ein Klient einfach nur in den Raum erzählt, irgendwelche Geschichten – das ist sehr zehrend." Umgekehrt geben das Zustandekommen einer wirklichen Begegnung und die Erfahrung, daß KlientInnen sich verändern, ihr viel Energie. Die Veränderungen betreffen nicht nur das, was sich im Therapieraum ereignet: „Der Therapie wird immer vorgeworfen, sie erziehe die Leute eher zur Anpassung, mache angepaßte Leute aus den Klienten. Das sehe ich überhaupt nicht so – das hat sicher was mit der Gestalttherapie zu tun. Ich sehe das eher so, daß Menschen lernen oder darin unterstützt werden, das, was bei ihnen, was ihre Wahrheit ist, zu leben. Und das muß überhaupt nicht in Übereinstimmung sein mit gesellschaftlichen Regeln und Normen. Und das ist, stimmt, das ist schon ein politischer Aspekt, Menschen darin zu unterstützen, Normen und Regeln zu hinterfragen und ihr Eigenes zu leben. Und eigene

Wertmaßstäbe zu entwickeln." Die Ermutigung, andere Wahl-möglichkeiten im eigenen Leben wahrzunehmen und mehr Ein-fluß darauf auszuüben, ist etwas, was Martina Leineweber in Zusammenhang mit ihrer Lehrtherapie bringt. Sie kann andere in dem Maß unterstützen, wie sie selbst Mut entwickelt, „mehr dem zu trauen, was bei mir ist."

Obwohl Martina Leinewebers „Sorge um sich" eine positive Wir-kung auf ihre Arbeit mit KlientInnen hat, sieht sie ihre Aufmerk-samkeit für die eigenen Belange *auch* als Enttäuschungsreaktion auf „die Ausbeutung im sozialen Bereich" und ihr Verhalten im Zusammenhang mit gesunkenem Engagement: „Ich arbeite bei der Kirche – und es ist halt so, daß da auch vieles einfach als selbstverständlich vorausgesetzt wird, was überhaupt nicht selbstverständlich ist." So erzählt sie, daß sie zu Beginn ihrer Be-rufstätigkeit nicht darauf aufmerksam gemacht wurde, daß sie für Wochenenddienste Überstundenausgleich beanspruchen kann. Allerdings hat Martina Leineweber nicht frustriert ihr Arbeitsfeld verlassen, sondern die Wertigkeiten verändert: „Für mich ist Ar-beit inzwischen nicht mehr alles. Das war's am Anfang eher. Da war das irgendwie sehr raumfüllend. Und jetzt ist mir meine Frei-zeit mindestens genauso wichtig. Und das finde ich auch gut so." Auf die Zeit zu achten, betrifft nicht nur das Verhältnis zwischen Arbeit und Erholung, sondern auch das Timing in bezug auf die KlientInnenkontakte. Zu viele Termine hintereinander führen da-zu, daß ihr Interesse an den Menschen, mit denen sie zu tun hat, erlahmt: „Und wenn ich den zehnten Klienten am Tag hab, dann finde ich das nicht mehr aufregend und spannend." Pausen zwi-schen ihren KlientInnenterminen macht sie „manchmal ja, manchmal nein." „Einfach ein bißchen rausgehen" hat für sie eher den Charakter einer Notfallmaßnahme.

Die Reflexionen ihrer Erfahrungen zu Anfang ihrer Arbeit als Therapeutin zeigen einerseits, daß sie aktiv dafür gesorgt hat, ihre Arbeitsbedingungen zu verbessern. Doch werfen sie im Hinblick auf die Aufmerksamkeit, die der Psychohygiene und Burnout-Prävention gewidmet wurde, weder ein günstiges Licht auf ihre universitäre Ausbildung noch auf die Einstellung des Arbeitgebers. An der Universität war Selbstsorge schlichtweg kein Thema: „Nee, also im Studium habe ich das mit Sicherheit nicht gelernt." An der Arbeitsstelle wurden Martina Leinewebers Bemühungen um Supervision, die sie als wichtiges Element ihrer Arbeit wertet, sogar mit Mißtrauen quittiert: „Es war ein Makel. Es war ein Eingeständnis von Schwäche. [...] Supervision ist für Leute gut, die wirklich überhaupt nicht mehr klarkommen. Also die eigentlich völlig inkompetent sind."

Ihre Vorstellungen davon, wie sie sich weiter entwickeln möchte, sind für Martina Leineweber mit Lebendigkeit und mit Ausgewogenheit zwischen Arbeit und Freizeit verbunden: „Was mir vorschwebt ist, daß ich 'nen ganz lebendigen Stil habe. [...] Ein bißchen Ähnlichkeit mit Mira oder Adelheid – das wär so 'n Ideal. Also 'ne Frau. Daß ich sehr lebendig arbeite. Sehr klar bin. Ja, mich irgendwie den Klienten sehr verbunden fühle, aber auch gut Abstand finden kann. Und daß ich nicht zuviel arbeite. Also daß es noch genug andere Sachen gibt, die mich interessieren." Mira und Adelheid, zwei ihrer Ausbilderinnen, aber auch ihre Lehrtherapeutin sind für Martina Leineweber Vorbilder in der Art, wie sie mit sich selbst umgehen und wie sie ihre Rolle ausfüllen: „Ich erlebe diese Frauen als sehr integriert. Die nicht so 'ne Rolle spielen, nicht 'ne abgedrehte Rolle spielen als Therapeuten und dann in der Freizeit oder im normalen Kontakt ganz anders sind. Ich erleb' die als sehr integriert und als für sich sorgend. Also nicht so, daß sie nach 'nem Wochenende völlig am Krückstock wieder nach Hause fahren. Ich erleb' sie als sehr warm und herzlich, als sehr einladend. Und sehr akzeptierend und wertschätzend."

Friederike Jansen

„Ich kann den Menschen nicht begleiten bei all diesen Themen von Streß und Anspannung und Belastung und Trennung und was es da immer alles gibt, wenn ich selber das Gefühl habe, ich sitz hier und bin nur noch angespannt und genervt und müde und kaputt. Ich fühl es immer deutlicher, daß der entscheidende Weg der ist, daß es mir in meinem eigenen Leben gut geht."

Der Kontext, in dem Friederike Jansen die „Sorge um sich" praktiziert, ist die Freiberuflichkeit: Zusammen mit drei anderen Psychologinnen hat sie sich vor drei Jahren selbständig gemacht. Alle vier hatten den Wunsch, nicht mehr in einem engen institutionellen Rahmen zu arbeiten. Der Schritt, eine eigene Praxis zu gründen, war somit auch eine Entscheidung für eine selbstbestimmte Form des Arbeitens. Dieser Wunsch wurde schneller Wirklichkeit, als alle Beteiligten gedacht hatten: „Also wir waren alle vier noch überhaupt nicht an dem Punkt: Wir machen uns jetzt wirklich selbständig. Haben dann das Haus hier angeboten gekriegt, mußten uns dann unheimlich schnell entscheiden, ob wir das nehmen oder nicht. Und das wurde dann eigentlich ein Springen ins Wasser. Dann haben wir einfach einen Abend ziemlich lang in der Kneipe gesessen und irgendwann haben wir gesagt: So. Wir machen das jetzt. Und haben am nächsten Morgen den Vertrag unterschrieben. Ja, und dann ging alles zügig. Dann hab' ich gekündigt."

Im Rückblick bekommt die erfolgreiche Umsetzung ihres Wunsches eine ermutigende Bedeutung, sowohl mit Blick auf zukünftige Projekte – z.B. später einmal in einem größeren Rahmen und mit unterschiedlichen Berufsgruppen auf dem Land eine Gemeinschaftspraxis zu gründen –, als auch beim Nachdenken über das Bild, das sie von ihrer persönlichen Weiterentwicklung hat: „Weil ich selbst immer mehr das Gefühl hab, ich kann eigentlich ganz viel schaffen. Ein ganz wichtiger Schritt war eben diese Selbständigkeit, wo ich am Anfang viel Angst hatte und dachte: Oh Gott, oh Gott, wie wird das? Und klappt das? Aber einfach zu sehen, wenn ich 'ne Idee hab und 'n Ziel hab und daran glaube, daß das geht und meine Kraft dafür einsetze, dann geht das. Und das war 'ne ganz wichtige Erfahrung."

Freiberuflichkeit hat ihre positiven und ihre schwierigen Seiten. Friederike Jansen nutzt zum Beispiel ausgiebig die Chance einer flexiblen Gestaltung der Arbeitszeit. Sie arbeitet nur vier Tage in der Woche mit KlientInnen, und sie macht mehrmals im Jahr, in regelmäßigen Abständen, für zwei bis drei Wochen Urlaub: „Es ist so 'ne Entscheidung, daß ich einfach merk', es ist mir lieber, weniger Geld zu haben und dafür mehr freie Zeit." Andererseits spürt sie auch den finanziellen Druck: „Du kriegst ja hier nur Dein Geld für jede Stunde, jede Therapiestunde, die Du real arbeitest." Daß Friederike Jansen den Erholungsphasen Priorität einräumt, beruht auf der Erfahrung, daß es ihr mit einem Übermaß an Arbeit sowohl beruflich als auch privat schlecht ging. „Ich konnt's gar nicht mehr trennen. Also ich war hier kaputt beim Arbeiten und ich war zuhause kaputt."

Als ihre eigene Chefin ist Friederike Jansen darauf angewiesen, sich immer selbst zu motivieren, vor allem, wenn es um lästige

162

Schreibtischtätigkeiten – Krankenkassengutachten, Berichte, den „Berg von unerledigter Arbeit" – geht. Da gibt es niemand, der ihr Termine oder Fristen setzt. Diesen Punkt hat sie vorher unterschätzt und empfindet ihn als belastend.

An den selbstgewählten Rahmenbedingungen ist ihr besonders wichtig, daß sie – auch wenn bzw. gerade weil die eigentliche Arbeit oft „total einsam" ist – in Gemeinschaft mit anderen arbeitet, daß sie sich diesen Zusammenhang geschaffen hat: „Das Team machen wir immer. Das ist eine ganz feste Zeitstruktur, die mir wichtig ist. Und mir ist eben auch total wichtig, daß wir zu viert hier sind. Also daß wir immer zwischen den Terminen – und wenn's ganz kurz ist – uns was erzählen können. Oder einfach private Sachen morgens kurz erzählen können. Es ist ein Rahmen, in dem ich mich eingebunden fühle. Ich hätte das nicht anders gemacht. Also ich hätte mich nie allein selbständig gemacht, weil ich für mich weiß: Ich brauch einfach diesen Austausch."

Im direkten Kontakt zu ihren KlientInnen hat Friederike Jansen zu Beginn ihrer Berufstätigkeit und später noch zu Beginn ihrer selbständigen Arbeit – „das ist auch dieses Berufseinsteigerthema" – die eigene Rolle als Therapeutin finden müssen. Heute hat sie zu ihrer Rolle eher das Verhältnis, daß sie damit experimentiert und sich darin auch als Modell für ihre KlientInnen sieht. Während früher die Frage nach dem Ausmaß ihrer Verantwortlichkeit für KlientInnen für sie problematisch war, besonders wenn diese suizidal waren, legt sie heute viel Wert darauf, bei ihren KlientInnen „den selbstversorgenden Teil zu stärken", mehr Aufmerksamkeit auf die Ressourcen als auf die Defizite zu richten. Dazu hat aus Friederike Jansens Sicht maßgeblich ihr eigener Prozeß der vergangenen beiden Jahre beigetragen. Nach Zeiten persönlicher Krise hat sich ihre Einstellung zu den Krisen der KlientInnen verändert: „Ich weiß aus meiner eigenen Erfahrung sehr deutlich, daß Leiden nichts ist, was man jemandem abnehmen kann. Ich hab jetzt viel mehr das Gefühl: Ich kann das so sehen, daß das wirklich ihres ist. Und kann mir dann auch angucken, was brauchen die jetzt an Unterstützung – also mehr in 'nem guten Abstand, hab ich das Gefühl. Ich hab nicht mehr das Bild, ich muß die retten."

Im Blick auf das „Lebensleid", das ihre KlientInnen mit in die Therapie bringen, ist ihr wichtig, auf das zu schauen, was sie selbst kräftigt und unterstützt und was ihr in ihrem eigenen Leben Freude macht. „Aus einer inneren Verbindung zum Leiden" heraus Therapeutin zu werden, hält Friederike Jansen für ein schlechtes Motiv: „Das saugt aus." Oft erlebt sie, daß KlientInnen wenig bereit sind, tatsächlich Veränderungen in ihrem Leben vorzunehmen. „Das ist mir dann oft ein Spiegel, eine Möglichkeit, immer wieder zu überprüfen, was mach ich da grade mit meinen Themen."

Nach intensiver Nähe zu KlientInnen auch wieder Abstand finden zu können, ist für Friederike Jansen, gerade was ihre körpertherapeutische Arbeit betrifft, ein brisanter Bereich ihrer Selbstsorge: „Allein durch den Körperkontakt ist es für mich oft so, daß ich so 'n Gefühl hab, ich lad mich energetisch nochmal vielmehr auf. Ich übernehm viel mehr von denen. Es gibt viel intime, auch körperlich intime Situationen, wo ich gemerkt hab: Ich muß total lernen, wie das geht, auch wieder Abstand davon zu nehmen."

Was für Möglichkeiten hat Friederike Jansen gefunden, um nach nahem Kontakt wieder bei sich zu sein? Sie macht Atemübungen, bewegt sich, legt sich kurz hin, um sich zu entspannen und versucht, in den kurzen Pausen zwischen den Therapiesitzungen nicht automatisch nach Zigarette oder Kaffee zu greifen, sondern jeweils genau zu gucken, was ihr jetzt gerade guttun könnte. Ein Distanz schaffendes Ritual ist das symbolische Wegspülen des Erlebten mit Wasser: „Hab mir angewöhnt, daß ich mir oft die Hände wasche. Das ist mehr so 'n Bild von wirklich was Loswerden." Am Abend joggt sie häufig, um die Lasten des Tages abzuschütteln. Allerdings wünscht sie sich, diese Möglichkeiten noch auszubauen: „Es gibt manchmal so ein Gefühl, es sitzt mir noch im Leib. Also egal was ich mache, ich werd's nicht los." Manchmal wünscht sie sich deshalb auch eine Aufgabe mit weniger Anforderungen an die eigene Bereitschaft zu Kontakt, Präsenz und Aufmerksamkeit: „Ich hab manchmal das Bild, ich wär' auch gern Sekretärin. Aus der Verantwortung raus und einfach diese Dinge tun: Tür aufmachen und organisieren und so 'n bißchen Rechnungen schreiben ..."

Als ich Friederike Jansen nach möglichen politischen Aspekten ihrer Arbeit frage, findet sie den Ausdruck „politisch" für das, was sie tut, zu groß. Allerdings merkt sie, wie oft sie gesellschaftlichen Themen begegnet in dem, was ihre KlientInnen erzählen, wie sehr sich gesellschaftliche Probleme in individuellem Leid spiegeln. Ihr ist dann wichtig zu vermitteln, daß nicht alles deren persönliches Problem ist. Da sie hauptsächlich mit Frauen arbeitet, kennt sie besonders die weibliche Rollenfindung als Feld, in dem sich gesellschaftliche Einflüsse kristallisieren. Sie weiß darum, daß persönliche Fragen „schon was mit gesellschaftlichen Themen zu tun [haben], daß ich da mit meiner

Haltung hineingehe, wie ich als Person bin, als Frau bin. Ich gebe da auch ein bestimmtes Bild ab. Und dieses Thema: Was bedeutet Frausein? Was bedeutet weibliche Entwicklung? Was bedeutet weibliche Kraft? Was bedeutet Stärke? Das ist einfach ein Thema, das für mich in der Arbeit mit Frauen sehr wichtig ist. Also daß die eben dahin finden können. Mehr in so 'ne Vorstellung, daß Leben was mit Gestalten zu tun hat. Und nicht nur mit Aushalten und nicht nur mit Rollen übernehmen."

Für die Zukunft möchte Friederike Jansen sich noch nicht festlegen. Einerseits ist für sie durchaus denkbar, daß sie in fünf Jahren aufhören könnte, therapeutisch zu arbeiten: „Viel auf diesem Hintergrund, daß ich nicht weiß, ob ich mich mein Leben lang mit diesem Leiden und diesem Schweren und diesem Hoffnungslosen, Tragischen beschäftigen möchte." Aber andererseits hat sie auch die Vorstellung, daß es sehr attraktiv sein könnte, auch als ältere Frau „wach und irgendwie in einer Art ‚weise'" als Therapeutin zu arbeiten: „Je älter man wird, desto besser wird man einfach."

Wie sie sich weiterentwickeln wird, ist für Friederike Jansen noch offen: „Ich weiß nicht. Wenn Du mich in fünf Jahren nochmal interviewen würdest, weiß ich nicht, was ich dann erzählen würde."

Gespräch mit Gisela Helmrich

Gisela Helmrich ist Professorin an einer Fachhochschule für Sozialwesen, Supervisorin und Psychotherapeutin in freier Praxis.

B.G.: In welcher Weise sind Sie in Ihren unterschiedlichen beruflichen Zusammenhängen mit dem Thema Burnout-Prävention oder auch Lebensqualität, Lebensstil-Gestaltung konfrontiert?

G.H.: In mehrfacher Hinsicht. Zum einen ist mir das ein wichtiger Inhalt, den ich auch den Studenten und Studentinnen im Studium vermittle. Beispielsweise habe ich in diesem Semester ein Seminar über Beratung und Krisenintervention gemacht. Und im Rahmen dieses Themas Krise und Krisenintervention hab ich auch über Burnout gesprochen. Und zwar sowohl, was Krisenintervention, als auch was Prophylaxe angeht, weil ich es einfach wichtig finde, daß Studierende schon während des Studiums mit dieser Problematik konfrontiert werden. Burnout begegnet mir immer wieder in der therapeutischen Arbeit bei Menschen mit Erschöpfungszuständen. Gerade bei Angehörigen der sogenannten helfenden und heilenden Berufe ist das kein seltenes Phänomen. Und erst recht in der Supervisionsarbeit. Ich arbeite seit vielen Jahren als Supervisorin in verschiedenen klinischen Einrichtungen. Und da ist es sozusagen auch immer wieder ein Alltagsphänomen, das mir da begegnet.

B.G.: Haben Sie den Eindruck, daß ihre Studierenden das als wichtiges Thema einschätzen oder haben Sie mehr den Eindruck, daß sie denken: Ja, das gehört halt zum Lehrstoff und das müssen wir jetzt einfach mal hinter uns bringen.

G.H.: Nein. Ich hab den Eindruck gehabt, daß sie das mit grossem Interesse aufgenommen haben, insbesondere die Studierenden, die vorher schon einen Beruf hatten. Da waren etliche, die vorher Krankenschwester waren und die sagten: Das kenn' ich genau von mir oder auch von vielen Kollegen und Kolleginnen aus dem Stationsdienst. Sie konnten es sozusagen auf einmal auf den Begriff bringen und das, was für sie so schwierig im Alltag war, als Störung erkennen und benennen. Es war sozusagen ein „Aha-Erlebnis".

Bei den Studierenden, die das Studium direkt nach dem Abitur begonnen haben, gibt es zumindest ein Interesse: Aha, da muß ich für mich drauf achten. Ich fand wenig Abwehr. Ich find die Abwehr sehr viel größer bei den unmittelbar davon Betroffenen. Ich finde es ungleich schwieriger, mit ihnen an dieser Thematik zu arbeiten.

B.G.: Was macht es so schwierig, das in den Blick zu nehmen?

G.H.: Häufig wird gesagt, das sind die Realzwänge. In der Tat haben die meisten ihr Leben auch so eingerichtet, daß es nicht einfach ist, arbeitsmäßig zu reduzieren und sich mehr Freiräume zu schaffen. Die Diskrepanz zwischen der Einsicht: „Ich sollte und müßte mir mehr Zeit nehmen für mich selber, ich sollte weniger tun" und der tatsächlichen Bereitschaft zur Veränderung ist doch immer wieder erstaunlich – die Diskrepanz zwischen Einsicht und Verhalten.

B.G.: Was halten Sie denn für die wichtigsten psychohygienischen Maßnahmen, die jeder Therapeut oder jede Therapeutin beherzigen sollte?

G.H.: Also, wenn ich von meinen eigenen Erfahrungen ausgehe: Ich glaube, das Allerwichtigste ist ein angemessener Rhythmus zwischen Anspannung und Entspannung, zwischen Arbeit und Muße, zwischen dem Erholungsbedürfnis des Körpers und den

Aktivitäts- und Beanspruchungsphasen, also daß einfach die Grundlebensrhythmen stimmen. Wach- und Schlafrhythmus und Aktivität und Passivität. Und wenn dieser Grundrhythmus stimmt, auch je nach Lebensalter, je nach Kräfteverhältnis, dann ist schon eine gute Bedingung dafür da, daß jemand nicht einfach in einen Erschöpfungszustand, wie es Burnout ja nun ist, hineinrutscht.

Weiter gehört dazu zu wissen, was man selber braucht, um sozusagen die inneren Batterien wieder aufzuladen, was je nach Person die wichtigsten Rekreations- und Regenerationsmöglichkeiten sind. Für den einen ist es Meditation, für den anderen ist es vielleicht ein bestimmter Freizeitsport. Für jemand Drittes sind es Interessen, Kontraste zu den Beanspruchungen im Berufsleben – genügend Ausgleich und genügend eigene Möglichkeiten zu kennen, wie man Körper, Geist und Seele erholen kann. Diese Möglichkeiten überhaupt zu kennen, das muß ich oft in der Therapie mit Menschen gezielt erarbeiten.

B.G.: Welche psychohygienischen Maßnahmen wenden Sie denn für sich selber an?

G.H.: Das steckt indirekt in dem, was ich grad' schon gesagt hab. Ich versuche für mich selbst darauf zu achten, daß die Verhältnisse stimmen, daß ich nicht dauerhaft über meine eigenen Kräfte gehe, daß ich genügend Regenerationszeit einplane. Meine Erfahrung ist auch, daß die benötigte Zeit zur Erholung mit wachsendem Alter höher wird, rein quantitativ. Und daß ich öfter kürzere Pausen brauche und auch einplanen muß.

Dann ist für mich selbst die allerwichtigste Möglichkeit die Meditation. Ich meditiere regelmäßig seit vielen Jahren. Und drittens ist für mich wichtig, ein sehr vielseitiges Aktivitätsspektrum zu haben. Also neben dem, was ich an der Hochschule mache, eben die therapeutische Praxis, die Supervision und Vorträge, Veröffentlichungen und Engagement in verschiedenen Gruppen. Das schützt mich vor einseitigen Abnutzungen und Beanspruchungen.

B.G.: Das überwiegt auch gegenüber dem Nachteil, daß es neben „vielseitig" eben auch „viel" ist?

G.H.: Natürlich passiert mir das auch immer wieder, daß ich merke: Die Belastung ist wieder zu groß geworden, und ich muß mich korrigieren. Aber insgesamt ist das für mich mit die wichtigste Grundbedingung, nicht den Spaß an meinem Beruf zu verlieren: Die Vielseitigkeit.

B.G.: Haben Sie denn über die Jahre hinweg bei sich einen Prozeß festgestellt bezüglich der Art, wie sie dafür sorgen, daß Sie nicht ausbrennen?

G.H.: Also, da war eine entscheidende Erfahrung um mein dreißigstes, einunddreißigstes Lebensjahr. Ich hatte in den Jahren zuvor sehr viel in Beruf und Karriere investiert und war mit einunddreißig Professorin geworden. Und da merkte ich deutlich: Es war ein Punkt erreicht, wo die Kräfte einfach erschöpft waren. Ich hatte zuviel nach außen gerichtet investiert, wie bei einem Baum, der die Energie in das Kronenwachstum steckt, aber die Wurzeln waren nicht entsprechend mitgewachsen. Das war der Zeitpunkt, wo ich gemerkt habe, daß ich neben der aktiven auch die meditative Seite wieder mehr in mir zulassen und leben muß und hab wieder angefangen zu meditieren. Ich bin damals nach Rütte gefahren zu Dürckheim. Hab mir später

Atemtherapie bei Ilse Middendorf gegönnt. Ich glaube, die entscheidende Erfahrung war zu diesem Zeitpunkt zu merken: Jetzt stimmt etwas nicht mehr in meiner inneren Balance. Ich muß die Gewichte anders verteilen.

B.G.: Mich würde noch interessieren, ob Sie glauben, daß der Umgang mit Psychohygiene oder die Sorge um sich selbst politische Implikationen hat?

G.H.: So nach dem schönen Motto der Frauenbewegung: „Das Persönliche ist das Politische" allemal. Aber zunächst mal sind die psychohygienischen Maßnahmen doch eher auf der individuellen Ebene anzusiedeln. Auf der politischen, glaube ich, wäre es wichtig, das Wissen darum einfach auch noch mehr zu verbreiten. Gerade für die helfenden und heilenden Berufe wäre es wichtig, in der Grundausbildung mehr Kenntnisse über Psychohygiene zu vermitteln, über Möglichkeiten, auch für das eigene Wohlbefinden sinnvoll Sorge zu tragen und den beruflichen Abnutzungsprozessen entgegenzuwirken.

Und der nächste Aspekt ist die Vorbildfunktion. Gerade für Menschen, die in helfenden Berufen sind und selber wiederum mit Menschen arbeiten, ist das Allerwichtigste, das, was man anderen vermitteln will, selbst zu leben. Alles andere ist sonst leeres Geschwätz. Ich kann nicht Menschen davon überzeugen, daß sie ihr Leben in eine bessere Balance bringen können oder sollen, wenn ich mich nicht auch immer wieder selbst ständig darum bemühe. Deshalb ist es für Menschen in helfenden und heilenden Berufen so wichtig, daß sie es rechtzeitig in ihrer Grundausbildung erleben und erfahren und dann vorleben, um es auch weitergeben und vermitteln zu können.

171

B.G.: Sie haben vorhin gesagt, der Großteil der psychohygienischen Maßnahmen spiele sich eigentlich auf der individuellen Ebene ab. Glauben Sie, daß es strukturelle Veränderungen oder Verbesserungen gibt, die professionelles Helfen erleichtern würden?

G.H.: Auf jeden Fall. Wenn ich an die Alltagsabläufe in klinischen Einrichtungen denke und daran, wie solche Einrichtungen strukturiert sind, da gibt es eine Menge an unnötigen Belastungen und Streß. Es gibt vor allem in vielen sozialen und therapeutischen Einrichtungen noch zu wenig Supervision, viel zu wenig Möglichkeiten, sich durch Reflexion der eigenen Arbeit, durch Praxisbegleitung, durch Anleitung auch zu entlasten. Man muß sicher die Forderung erheben, daß in diesen Einrichtungen für das Wohlbefinden der Helfer und Helferinnen mehr getan wird als bislang. Ich denke vor allem an Entlastung durch Supervision, aber auch an Umstrukturierungsmaßnahmen. Und, wenn Sie nochmals auf die politische Ebene wollen: Ein Großteil der Problematik besteht auch in dieser ungeheuer unflexiblen Regelung des Arbeitslebens insgesamt. Es gibt zu wenig Möglichkeiten, Arbeitsbelastungen individueller zu regeln, z.B. durch Umverteilungen und durch Reduktion auf halbe Stellen oder Zwei-Drittel-Stellen. Das gilt besonders für Erwachsene in der mittleren Lebensphase, für Väter und Mütter, die gleichzeitig noch von Familienaufgaben in Anspruch genommen werden. Und das gilt für das höhere Alter. Daß es Möglichkeiten geben sollte, so wie es in Amerika das „Sabbatical" gibt, einfach mal eine Rückzugszeit zu nehmen. Für ein halbes Jahr oder ein Jahr auszusteigen und zu sagen: Ich brauche diese Zeit. Auf der Ebene der politischen Forderungen muß man einfach sagen, daß die Organisation des Arbeitslebens insgesamt verändert werden muß: flexiblere Gestaltung der Arbeitszeiten – auch unter dem Aspekt, wie man Menschen besser vor Abnutzungserscheinungen im Beruf schützen kann.

B.G.: Glauben Sie, daß die Beziehungen zu anderen Menschen im Privatbereich auch eine Bedeutung für die Selbstsorge haben?

G.H.: Sie spielen eine große Rolle. Ich weiß nicht, ob Sie das Buch von meinem Kollegen Klaus Antons kennen: „Lieben oder helfen". Der hat es ja nun analysiert, wie eng grade die Parallelen sind von Leuten mit Burnout-Symptomatik im Beruf und der Art und Weise, wie sie ihre Partnerschaften gestalten und leben, zu welchen Kollusionsmustern es gerade bei Angehörigen von helfenden Berufen kommt. Da gibt's sehr enge nachgewiesene Zusammenhänge.

B.G.: Ist das auch Ihre Erfahrung, daß gerade Helferinnen und Helfer sich mit der privaten Beziehung oder der privaten Partnerschaft eher schwer tun?

G.H.: Nein, so würd' ich es nicht sagen, daß sie sich damit schwer tun. Eher so, daß ein Beruf, der beziehungsmäßig besonders beansprucht, auch Rückwirkungen auf die privaten Beziehungen hat. Es ist für einen nicht unerheblichen Teil doch ausgesprochen schwierig, sozusagen doppelt beziehungsmäßig beansprucht zu sein.

B.G.: Antons sieht ein zentrales Problem darin, daß aufgrund der ständigen „Beziehungsarbeit" im Beruf professionellen HelferInnen wenig Energie bleibt, sich auch noch in der Privatbeziehung zu engagieren.

G.H.: Ich würde geschlechtsspezifisch differenzieren. Es ist vor allem bei den Männern in diesen Berufen, insbesondere bei den Ärzten so, daß sie sozusagen ihre Partnerinnen als ihr persönliches Naherholungsgebiet betrachten. Bei den Frauen ist es eher umgekehrt, daß sie im beruflichen und privaten Bereich fast immer in der Rolle der Gebenden sind und häufig männliche Partner haben, die zu wenig emotional nährend und unterstützend sind und ihnen nicht das geben, was sie an Unterstützung bräuchten. Da sehe ich doch große geschlechtsspezifische Unterschiede.

B.G.: Was wird Ihnen denn, wenn Sie irgendwann mal pensioniert sein werden oder aufhören zu arbeiten, im Rückblick am allerbesten gefallen haben an Ihrer Berufstätigkeit und an der Art, Ihr Leben zu gestalten?

G.H.: Ich glaube, das Befriedigendste und persönlich Bewegendste ist für mich jetzt – und vermutlich dann auch im Rückblick – die therapeutische Arbeit. Zu erleben, wie Menschen aus extrem schwierigen Lebenssituationen und manchmal jahrzehntelangem Leiden doch Möglichkeiten finden, herauszukommen und sich und ihr Leben zu verändern. Das ist etwas, was ich als etwas ganz Besonderes erfahre: Menschen darin zu begleiten, dabei sozusagen eine Hebammenfunktion zu haben, daß sie sich selber auf ihre eigene Weise neu ins Leben gebären können. Das finde ich etwas Geheimnisvolles und Bewegendes am therapeutischen Beruf.

B.G.: Vielen Dank für das Gespräch.

Kontexte der individuellen Erfahrungen

Im folgenden möchten wir die Reflexionen unserer Gesprächspartnerinnen über ihre Selbstsorge auf die Kontexte und Bezüge
des Phänomens „Burnout", wie sie im ersten Teil dieses Buches
dargestellt wurden, sowie auf die Foucaultsche Philosophie der
„Sorge um sich" rückbinden. Dabei werden wir uns an drei
Perspektiven orientieren, einer gesellschaftlichen, einer eher or-
ganisationalen bzw. institutionellen und einer individuellen.

Das Persönliche und das Allgemeine

Friederike Jansen stellt Bezüge zwischen privaten Schwierigkeiten und gesellschaftlichen Rahmenbedingungen her. Sie spricht
im Therapieprozeß an, wenn sie den Eindruck hat, daß die Problematik einer KlientIn in größeren sozialen Strukturen und
Kontexten steht. Zudem legt sie Wert darauf, auf die Ressourcen
ihrer KlientInnen zu achten. In beiden Punkten übernimmt sie
auch Modellfunktion für ihre KlientInnen. Maria Blum ist besonders an „Zusammenhängen" bzw. an sozialen Netzwerken
interessiert. Das von Gisela Helmrich für ihre therapeutische
Tätigkeit verwendete Bild der „Hebamme" schließt direkt an das
fünfte Professionalitätsmodell psychosozialer Arbeit von Keupp
(1986) an.

Daß die Gestaltung ihres Lebens bewußter persönlicher Entscheidungen und Wahlen bedarf, bringt Maria Blum zum Ausdruck: „Und bisher hab' ich mir meine Epochen immer so gesetzt, daß ich dann ein Kind gekriegt hab. Alle sieben Jahre hab'
ich ja ein Kind gekriegt. Und das waren auch immer Einschnitte
in meinem beruflichen Leben. Da hab' ich dann jedesmal die

Schwerpunkte anders verteilt." Auch die anderen Frauen erwähnen Ideen und Pläne, die Ausdruck bewußter Lebensgestaltung im Sinne der Foucaultschen Auffassung von Selbstsorge sind: „Das Wichtigste im Leben und in der Arbeit ist, etwas zu werden, was man am Anfang nicht war" (Foucault & Martin, 1993, S. 15). Zum Beispiel Experimentieren mit der eigenen Rolle, der Plan, später mit einem interdisziplinären Team eine Gemeinschaftspraxis zu gründen oder aber in fünf Jahren mit der therapeutischen Arbeit aufzuhören, um etwas ganz anderes zu machen (F.J.), die Idee, nach der Pensionierung als Supervisorin zu arbeiten (U.W.), die Vorstellung, den eigenen psychotherapeutischen Stil zu verlebendigen (M.L.). Maria Blum: „Ich bin ganz gespannt darauf, wie sich das weiter entwickelt mit mir. Es gibt viele Möglichkeiten. Das gibt mir auch immer ganz viel Kraft. Mich nicht festgelegt fühlen."

Zum politischen Handlungsbedarf äußert sich vor allem Gisela Helmrich. Aus ihrer Sicht müßte im Rahmen von Ausbildung und Studium ein stärkeres Gewicht auf Wissens- und Kompetenzvermittlung über Psychohygiene sowie auf das Verhältnis von Lebensstilgestaltung und professionellen Qualitätsbedingungen gelegt werden. Martina Leineweber bestätigt dieses Defizit angesichts ihrer eigenen Hochschulausbildung, die sie vor acht Jahren abgeschlossen hat: „Im Studium habe ich das mit Sicherheit nicht gelernt." Nach dem Eindruck von Gisela Helmrich sind Studierende, besonders solche, die bereits in einem psychosozialen Handlungsfeld tätig waren, durchaus bereit für eine Auseinandersetzung mit Fragen der persönlichen Lebensgestaltung.

Auch wenn Selbstsorge nicht der Legitimation über das Interesse von KlientInnen bedarf, entscheidet sich an der Selbstgestaltung doch ein wesentlicher Teil der Glaubwürdigkeit einer TherapeutIn: „Gerade für Menschen, die in helfenden Berufen sind und selber wiederum mit Menschen arbeiten, ist das Allerwichtigste, das, was man anderen vermitteln will, selbst zu leben. Alles andere ist sonst leeres Geschwätz. Ich kann nicht Menschen davon überzeugen, daß sie ihr Leben in eine bessere Balance bringen können oder sollen, wenn ich mich nicht auch immer wieder selbst darum bemühe. Deshalb ist es in helfenden und heilenden Berufen so wichtig, daß sie es rechtzeitig in ihrer Grundausbildung erleben und erfahren und dann vorleben, um es weitergeben und vermitteln zu können" (M.H.).

Soziale Kontexte und institutionelle Rahmenbedingungen

Alle Gesprächspartnerinnen thematisieren die Bedeutung sozialer Unterstützung und sozialer Netzwerke. Bezeichnenderweise sind es gerade Ulrike Wagner und Martina Leineweber – also die beiden in einer Institution tätigen Psychotherapeutinnen –, die in diesem Punkt von ambivalenten Erfahrungen berichten. Ulrike Wagner hat sich in ihrer Einrichtung zwar mittlerweile einen Stand als einzige Psychologin in einem Team von MedizinerInnen erarbeitet und genießt dort aufgrund ihrer Kompetenz einige Anerkennung, muß sich jedoch auch immer wieder mit rivalisierenden ärztlichen KollegInnen auseinandersetzen. Ausbleibende Unterstützung hängt für sie vor allem mit Rollenkonflikten zusammen. Sie schützt sich, indem sie KollegInnen, von denen sie sich in ihrer Rolle in Frage gestellt erlebt, aus ihrem Arbeitsbereich (Gruppentherapie) ausschließt und dort nur mit solchen ÄrztInnen kooperiert, die ihre Leitungsfunktion respektieren. Ein „Einsatz im Spiel der Macht" (Foucault)? Von Seiten der (zu) mächtigen Verwaltung fühlt sie sich behindert. Frühere Burnout-Erfahrungen sieht sie in Zusammenhang mit längeren Auseinandersetzungen mit einem damaligen Verwaltungsdirektor. Unterstützung, auch gegenüber kritischen PatientInnen und deren Angehörigen, bekommt sie von ihrem Chef.

Martina Leineweber erlebt ihr Team einerseits als unterstützend; es ermöglicht Entlastung zwischen Kliententerminen, bietet Raum und Rahmen für Fallbesprechungen und gemeinsame Intervision. Andererseits macht das Team durchaus auch Druck: Verständnislosigkeit, wenn sie Arbeitsentlastung sucht. Supervision und ihre Zusatzausbildung bieten Unterstützung. Dort genießt sie es, mal selbst im Mittelpunkt zu stehen. Ähnlich wie Ulrike Wagner berichtet auch Martina Leineweber von negativen Erfahrungen mit der Institution, in der sie arbeitet, von ihrer Enttäuschung über die „Ausbeutung im sozialen Bereich", was z.B. unbezahlte Überstunden angeht. Eine Auseinandersetzung mit der Leitung der Einrichtung hat zwar stattgefunden – „wir haben oft gesagt, wie demotivierend das ist" –, blieb aber vom Ergebnis her unbefriedigend. Ihre Reaktion: Relativierung der Arbeit, Aufwertung der Freizeit.

Friederike Jansen schätzt ihre Arbeit in einer Gemeinschaftspraxis. Ihr Team ist für sie ausschließlich positiv besetzt – vielleicht, weil sie es sich selbst gesucht hat? Es bedeutet für sie die Möglichkeit zum Austausch und vermittelt ihr das Gefühl, in einen sozialen Kontext eingebunden zu sein.

Maria Blum berichtet als einzige von sozialer Unterstützung aus dem außerberuflichen Bereich: Sie trifft sich regelmäßig mit einem Freund zu intensivem Austausch und erlebt ihre Familienarbeit inzwischen als Möglichkeit, sich von ihrer therapeutischen Arbeit zu distanzieren. Das mag vor dem Hintergrund zu verstehen sein, daß sie aufgrund ihres Arbeitssettings im Vergleich zu den anderen vier Frauen am wenigsten über die Möglichkeit zum direkten Austausch mit KollegInnen verfügt. Vielleicht ist das Fehlen jeder Erwähnung über außerberufliche, insbesondere partnerschaftliche Unterstützung in den Gesprächen mit Ulrike Wagner, Martina Leineweber und Friederike Jansen aber auch Anlaß, über die geschlechtsspezifische Differenzierung, die Gisela Helmrich vornimmt, nachzudenken: „Es ist vor allem bei den Männern in diesen Berufen, insbesondere bei den Ärzten so, daß sie sozusagen ihre Partnerinnen als ihr persönliches Naherholungsgebiet betrachten. Bei den Frauen ist es eher umgekehrt, daß sie im beruflichen und privaten Bereich fast immer in der Rolle der Gebenden sind und häufig eben männliche Partner haben, die zu wenig emotional nährend und unterstützend sind und ihnen nicht das geben, was sie an Unterstützung bräuchten" (vgl. Antons, 1987).

Aronson et al. (1983) rechnen zu den Unterstützungsfunktionen sozialer Kontexte und Netzwerke auch die davon ausgehenden Herausforderungen. In diesem Sinne sind die Pläne von Martina Leineweber und Friederike Jansen, ihr Aufgabenspektrum durch Zusammenarbeit mit KollegInnen, etwa durch gemeinsame Gruppenleitung, zu erweitern, ebenfalls Maßnahmen der Selbstsorge. In eine ähnliche Richtung geht die Bedeutung der Aufgabenvielfalt, auf die Gisela Helmrich Wert legt: Es „ist für mich wichtig, ein sehr vielseitiges Aktivitätsspektrum zu haben. Also neben dem, was ich an der Hochschule mache, eben die therapeutische Praxis, die Supervision und Vorträge, Veröffentlichungen und Engagement in verschiedenen Gruppen. Das schützt mich vor einseitigen Abnutzungen und Beanspruchungen".

Naheliegenderweise betonen gerade die beiden Frauen, die auf selbständiger Basis arbeiten, wie sehr sie die Autonomie als Rahmenbedingung ihrer Arbeit schätzen: „Ich fühle mich in meinem Beruf, in dem, was ich da beruflich tun kann, von der Ideologie her sehr beheimatet. Ich fühl' mich damit sehr privilegiert. Eine Arbeit tun zu dürfen, mit der ich wirklich moralisch, ethisch einverstanden bin. Mit der ich mich identifizieren kann" (M.B.). Friederike Jansen hat bewußt den engen Rahmen institutionellen Arbeitens verlassen, sieht allerdings auch die Schattenseiten dieser Freiheit, z.B. den wirtschaftlichen Druck: „Du kriegst ja hier nur Dein Geld für jede Stunde, jede Therapiestunde, die Du real arbeitest." Hohe Autonomie um den Preis geringerer Sicherheit.

Nach Cherniss und Krantz (1983) ist das Zugehörigkeitsgefühl zu einer Weltanschauung oder Ideologie für die Burnout-Prävention relevant. Neben Maria Blum, die diesen Faktor explizit erwähnt, beziehen sich bis auf Ulrike Wagner auch alle anderen mehr oder weniger direkt auf ihre jeweilige Therapieschulenzugehörigkeit. Für Ulrike Wagner übernimmt ihr Engagement im von ihr mitgegründeten Verein „Hilfe für psychisch Kranke" eine ähnliche Funktion.

Martina Leineweber und Friederike Jansen berichten von ihrer Tendenz in den Berufsanfangsjahren, sich für KlientInnen stark verantwortlich zu fühlen, sie „retten" zu wollen. Friederike Jansen hält das für ein typisches Problem von BerufsanfängerInnen, das möglicherweise zur Rollenfindung einer TherapeutIn dazugehört. Für sie, die körpertherapeutisch arbeitet, ist es besonders wichtig, aber auch schwierig, sich wieder zu distanzieren. Sie hält sich immer wieder vor Augen, daß sie, wie sie aus eigener Erfahrung weiß, ihren KlientInnen ihr Leiden nicht abnehmen kann. Auch Ulrike Wagner und Martina Leineweber betonen die Selbstverantwortung von KlientInnen: „Mich nicht mehr so doll anzustrengen. Und sie auch öfter anzusprechen: Was brauchst Du jetzt? ... sie also in die Verantwortung nehmen". Ulrike Wagner hilft im Kontakt mit ihren PatientInnen der Humor. Neben distanzschaffenden Ritualen wie Händewaschen und Bewegung zwischen einzelnen Sitzungen (F.J.), ist der Abschluß der täglichen Arbeit wichtig: Der Heimweg (U.W., F.J.) bzw. einfach der Weg über die Kellertreppe in die Familienräume (M.B.) wird zum Abschalten genutzt.

Der Bezug zum Selbst

Jede meiner Gesprächspartnerinnen verfügt über ein Repertoire verschiedener körperlicher, geistiger und emotionaler Maßnahmen der Selbstsorge, die sie regelmäßig oder nach Bedarf praktizieren: Gespräche und gutes Essen mit einem Freund, allein (ohne Partner oder Kinder) oder mit Partner und Kinder in Urlaub fahren, Alleinsein, Kur (M.B.); Nähen (zum Aggressionsabbau), Radfahren, Schwimmen, Sauna: „Ein Gefühl von Loslassen. Alles, was eigentlich nicht in den Körper oder in die Psyche gehört oder nicht paßt. Das einfach rausschwitzen" (U.W.); Urlaub (Meer, viel draußen sein), Zen-Meditation, Bauchtanz, Klavierspielen (M.L.); Urlaub, Joggen, Atemübungen (F.J.); Meditation, häufigere Pausen, Abwechslung (G.H.): In der Tat eine Auflistung von Selbsttechniken oder „Existenzkünsten".

Zu diesen gehört die Beachtung des eigenen Rhythmus „zwischen Anspannung und Entspannung, zwischen Arbeit und Muße, zwischen dem Erholungsbedürfnis des Körpers und den Aktivitäts- und Beanspruchungsphasen, Wach- und Schlafrhythmus und Aktivität und Passivität" (G.H.). Um dies zu gewährleisten, ist eine sorgfältige Zeiteinteilung vonnöten. Das betrifft die Arbeitsorganisation, z.B. das Freihalten eines Tages für Schreibtischarbeit (U.W. und F.J.) und das genaue Einplanen von Auszeiten, das Schaffen von „Freiraum-Traditionen" (M.B.).

Ein weiterer Bereich persönlicher Selbstsorge ist das eigene Kompetenzerleben (self-efficacy), das besonders von Ulrike Wagner als stärkend hervorgehoben wird, aber auch bei den anderen Frauen Erwähnung findet. Dies ist hervorzuheben, da professionelle Kompetenz häufig nicht zu den selbstverständlichen Attributen weiblicher Selbstwahrnehmung gehört (vgl. Rommelspacher, 1986).

Die Rolle der Berufsmotivation in Hinblick auf die Selbstsorge spricht Friederike Jansen an: Sie hält es nicht für sinnvoll, „aus einer inneren Verbindung zum Leiden", gewissermaßen aus einem Helfersyndrom heraus PsychotherapeutIn zu werden. Andererseits sind persönliche Probleme als Ausgangsmotivation für psychotherapeutische Tätigkeit nicht notwendig hinderlich. Das beschreibt Maria Blum im Rückblick auf ihren ersten Kontakt mit Psychotherapie: „Ich muß das nicht alles wegpacken. Ich kann mich dem auch stellen, ohne unterzugehen."

Zur Selbstsorge gehört schließlich die wache Wahrnehmung von Warnsignalen, um dann entsprechende Schritte einleiten zu können. Am deutlichsten schildert das Maria Blum. Sie ist besonders für körperliche Signale (Herz, Ohr) sensibilisiert, die sie als „Barometer" ihrer Selbstsorge ernst nimmt.

Aus den Gesprächen wurde deutlich, daß keiner der befragten Therapeutinnen ihr aktueller Umgang mit ihrer Psychohygiene einfach gefallen zu sein scheint. Alle mußten sich die Selbstsorge erarbeiten; ein Prozeß, der nicht irgendwann als abgeschlossen betrachtet werden kann, sondern kontinuierlicher Aufmerksamkeit bedurfte und bedarf. Die „Epimeleia" bedeutet lebenslanges Lernen. Die Gesprächspartnerinnen berichten von Phasen oder Situationen, in denen es ihnen mit sich und/oder ihrer beruflichen Tätigkeit nicht gut ging, wobei Maria Blum, Ulrike Wagner und Gisela Helmrich diese Erfahrungen mit einem burnout-ähnlichen Zustand in Verbindung bringen, Martina Leineweber und Friederike Jansen dagegen eher mit ihrem Berufseinstieg. Maria Blum sieht ihre Erfahrung mit Burnout auf ihre Familienarbeit bezogen. Die berufliche Arbeit war nicht Herd ihres Ausbrennens, sondern eher eine Möglichkeit, sich Distanz und ergänzende Erfahrungen zu ihrer Familienarbeit zu schaffen. Alle haben jedoch für sich Wege gefunden, diese Lebenslagen zu bewältigen. Sie haben für sich Strategien entwickelt, mit denen sie den beruflichen Belastungen begegnen konnten. Aus Sicht von Gisela Helmrich „bedarf es häufig erst mal der Erfahrung am eigenen Leib, um innezuhalten und die entsprechenden Lebenskorrekturen für sich vorzunehmen".

Die von den interviewten Therapeutinnen umrissenen Zielvorstellungen verdeutlichen ein Verständnis von Selbstsorge, welches die Notwendigkeit und die Schwierigkeit betont, angesichts verunsichernder Lebensumstände ein eigenes Leben zu wählen. Es werden Lebensstile beschrieben, die als ethisch wie auch als ästhetisch zu bezeichnen wären, obgleich natürlich nicht uns, sondern den Personen selbst ein Urteil darüber zukommt.

Die „Sorge um sich" – eine Philosophie der Gestaltung des Lebensstils

Die Selbstsorge, die sich bei Foucault keineswegs auf den individuellen Mikrokosmos beschränkt – wäre dem so, hätten wir es mit einem kleinbürgerlich-romantisierenden Konzept zu tun –, sondern alle für die Lebensgestaltung relevanten Bereiche einschließt und der Souveränität der handelnden Person unterstellt, ist unseres Erachtens ein geeignetes Denk- und Praxismodell zur Lebensstil-Gestaltung von Professionellen. Es ist – der Vielfalt von Burnout-Bedingungen entsprechend – angemessen komplex; es ist an keiner Stelle defizitorientiert oder pathologisierend, sondern ressourcenorientiert und dem Empowerment-Ansatz verpflichtet: Es bemächtigt die Subjekte zur Gestaltung ihrer eigenen Lebenswelt, zur Gestaltung ihres Lebensstils.

Insbesondere wäre die Philosophie in Foucaults Spätwerk zu eng gefaßt oder in völliger Schieflage instrumentalisiert, wenn man darin nur eine Strategie zur Burnout-Prävention sehen würde. Das wäre so, als ob sich die Philosophie des Zen-Buddhismus im Autogenen Training erschöpfen würde. Aufgrund der Ergebnisse dieser Arbeit und im Anschluß an Groneveld-Berneking (1992) ist das Konzept der Selbstsorge auch und nebenbei eine Form der Burnout-Prävention, insofern, als es sich um einen ressourcenaktivierenden Empowerment-Ansatz handelt.

Unseres Erachtens intendiert Foucault eine Philosophie der Freiheit, die den Menschen aber nicht abgehoben denkt, sondern realistischerweise in Machtbezüge verwoben und an der permanenten Reproduktion dieser Macht- und Diskursverhältnisse aktiv beteiligt. Foucault formuliert die Frage, Aufgabe und Verpflichtung einer „Praxis der Freiheit" in aller Deutlichkeit. Sie zu gestalten, ist Ästhetik und Ethik gleichermaßen.

Im Konzept der „Sorge um sich" werden keine konkreten Verhaltensvorschläge an die Hand gegeben. Die Anpassung an die jeweiligen Bedingungen und Erfordernisse ist ausschließlich dem Urteil, der Kreativität und der Selbstverantwortung des Einzelnen anheim gestellt. Selbstsorge meint die Formung einer Haltung, aus der dann die jeweils in Hinblick auf ethische und ästhetische Kriterien nötigen Handlungen entwickelt werden können.

Inwieweit diese Überlegungen praktisch tätigen PsychotherapeutInnen bei der Reflexion ihres Umgangs mit der eigenen Psychohygiene nützlich sein können, müssen diese selbst entscheiden.

Aktuell scheint das Thema der „Existenzkünste" und des persönlichen Lebensstil dringlicher den je: Im Zuge massiver Sparmaßnahmen im Gesundheitswesen und angesichts des enger werdenden Arbeitsmarktes drängt sich dem einzelnen möglicherweise die Frage auf, ob er/sie es sich überhaupt noch leisten kann, wählerisch mit den eigenen Arbeits- und Lebensbedingungen umzugehen. Lieber Verzicht auf „Burnout-Prävention" als überhaupt kein Arbeitsplatz? Wie soll man engagiert arbeiten, Motivation aufbringen und Leistung zeigen, wenn nicht möglich ist, das zu tun, was man tun möchte? Die Identifikation mit dem eigenen Weg ist ja sicher eine wesentliche Bedingung für Leistung, aber auch für das, was Antonovsky (z.B. 1987, 1997) als „Kohärenzsinn" bezeichnet: ein Gefühl der Verstehbarkeit, Gestaltbarkeit und Sinnhaftigkeit vielfältigster Lebens- und Berufserfahrungen. Gerade unter verschärft ungünstigen Bedingungen ist Foucaults Philosophie jedoch als ethische Verpflichtung zu verstehen, die Gestaltung seiner Existenz nicht aus der Hand zu geben, nicht von außen über seinen Lebensstil verfügen zu lassen und nicht auf die Selbstsorge zu verzichten, sondern sie – jetzt erst recht – auf allen Ebenen und insbesondere auf der politischen zu pflegen.

Literatur

Adler, A. (1978). *Lebenskenntnis*. Frankfurt am Main: S. Fischer. [amerik. Orig. (1969): The Science of Living.]

Andersen, T. (1990). *Das Reflektierende Team. Dialoge und Dialoge über Dialoge*. Dortmund: Verlag Modernes Lernen.

Antonovsky, A. (1987). *Unraveling the Mystery of Health*. London: Jossey Bass.

Antonovsky, A. & Franke, A. (1997). *Salutogenese. Zur Entmystifizierung der Gesundheit*. Tübingen: dgvt-Verlag.

Antons, K. (1987). *Helfen oder lieben. Trennung und Scheidung in psychosozialen Berufen*. Reinbek: Rowohlt.

Arnetz, B.B., Hörte, L.G., Hedberg, A., Theorell, T., Allander, A. & Malker, A. (1987). Suicide Patterns Among Physicians Related to Other Academics as well as to the General Population. *Acta Psychatrica Scandinavica, 75,* 139-143.

Aronson, E., Pines, A.M. & Kafry, D. (1983). *Ausgebrannt. Vom Überdruß zur Selbstentfaltung*. Stuttgart: Klett-Cotta. [amerik. Orig. (1981): Burnout - From Tedium to Personal Growth.]

Auckenthaler, A. & Kleiber, D. (1992). Supervision: Bedarf, Ansätze und Entwicklungen. In A. Auckenthaler & D. Kleiber (Hrsg.), *Supervision in Handlungsfeldern der psychosozialen Versorgung* (S. 9-28). Tübingen: dgvt-Verlag.

Battmann, W. (1993). Kooperation. In A. Schorr (Hrsg.), *Handwörterbuch der Angewandten Psychologie* (S. 417-419). Bonn: Deutscher Psychologen Verlag.

Beck, U. (1986). *Die Risikogesellschaft. Auf dem Weg in eine andere Moderne*. Frankfurt am Main: Suhrkamp.

Beck, U. (1995). Skizzen zu einer biographischen Gesellschaftsanalyse. In U. Beck, U. Erdmann-Ziegler & W. Vossenkuhl (Hrsg.),

Eigenes Leben. Ausflüge in die unbekannte Gesellschaft, in der wir leben. Mit Fotos von T. Rautert. München: Beck.

Beck, U. & Beck-Gernsheim, E. (Hrsg.) (1994). *Riskante Freiheiten.* Frankfurt am Main: Suhrkamp.

Beck, U., Erdmann-Ziegler, U. & Vossenkuhl, W. (Hrsg.) (1995). *Eigenes Leben. Ausflüge in die unbekannte Gesellschaft, in der wir leben.* Mit Fotos von T. Rautert. München: C.H. Beck.

Becker, H. (1985). Einleitung zu Michel Foucaults „Hermeneutik des Subjekts". In H. Becker, R. Fornet-Betancourt, A. Gomez-Muller & L. Wolfstetter (Hrsg.), *Freiheit und Selbstsorge: Interview 1984 und Vorlesung 1982/ Michel Foucault* (S. 29-31). Frankfurt am Main: Materialis.

Beerlage, I. (1993). „Mein Leben darf nicht nur aus AIDS bestehen ...". *Pro Familia Magazin: Sexualpädagogik und Familienplanung, 21* (2), 15-16.

Bernauer, J.W. & Mahon, M. (1994). Foucaults Ethik. *Deutsche Zeitschrift für Philosophie, 42,* 593-608.

Böse, R. & Schiepek, G. (1989). *Systemische Theorie und Therapie. Ein Handwörterbuch.* Heidelberg: Asanger.

Brehm, J.W. (1966). *A Theory of Psychological Reactance.* New York: Academic Press.

Breuer, F. (1979). *Psychologische Beratung und Therapie in der Praxis.* Heidelberg: Quelle & Meyer.

Brockhaus Lexikon. (1989). *Bd. 3.* Mannheim: Brockhaus und München: Deutscher Taschenbuch Verlag.

Burisch, M. (1994). *Das Burnout-Syndrom. Theorien der inneren Erschöpfung.* Berlin: Springer.

Cherniss, C. (1980a). *Professional Burnout in Human Service Organisations.* New York: Praeger.

Cherniss, C. (1980b). *Staff Burnout. Job Stress in the Human Services.* Beverly Hills: Sage Publications.

Cherniss, C. & Krantz, D.L. (1983). The Ideological Community as an Antidote to Burnout in the Human Services. In B.A. Farber (Ed.), *Stress and Burnout in the Human Services* (pp. 198-212). New York: Pergamon Press.

Die Heilige Schrift. Einheitsübersetzung. Stuttgart: Verlag Katholisches Bibelwerk; Deutsche Bibelgesellschaft (1986).

Dörner, D. (1989). *Die Logik des Mißlingens. Strategisches Denken in komplexen Situationen.* Reinbek: Rowohlt.

Dorst, B. (1989). „Die Menschen belasten dich? Trag' sie nicht auf den Schultern, schließ' sie in dein Herz." (H. Camara). – Über Narzißmus und Spiritualität des Helfens. *Wege zum Menschen, 41,* 229-240.

Ebbecke-Nohlen, A. (1994). Auftrag und Spiel im Interaktionsprozeß von Supervision. In H. Pühl (Hrsg.), *Handbuch der Supervision 2.* Berlin: Spiess.

Edelwich, J. & Brodsky, A. (1984). *Ausgebrannt. Das "Burn-out"-Syndrom in den Sozialberufen.* Salzburg: AVM-Verlag (H. Mackinger).

Ellis, A. & Grieger, R. (1979). *Praxis der rational-emotiven Therapie.* München: Urban & Schwarzenberg. [amerik. Orig. (1977): Handbook of Rational-Emotive Therapy.]

Emener, W.G., Luck, R.S. & Gohs, F.X. (1982). A Theoretical Investigation of the Construct Burnout. *Journal of Rehabilitation Administration, 6,* 188-196.

Enzmann, D. & Kleiber, D. (1989). *Helfer-Leiden. Streß und Burnout in psychosozialen Berufen.* Heidelberg: Asanger.

Eribon, D. (1991). *Michel Foucault. Eine Biographie.* Frankfurt am Main: Suhrkamp. [Orig. (1989): Michel Foucault (1926- 1984).]

189

Erikson, E.H. (1973). *Identität und Lebenszyklus: Drei Aufsätze.* Frankfurt am Main: Suhrkamp. [amerik. Orig. (1959): Identity and the Life Cycle.]

Essen, S. (1990). Vom Problemsystem zum Ressourcensystem. In E.J. Brunner & D. Greitemeyer (Hrsg.), *Die Therapeutenpersönlichkeit. Zweites Weinheimer Symposion 1989* (S. 78-94). Wildberg: Bögner-Kaufmann.

Fengler, J. (1991). *Helfen macht müde. Zur Analyse und Bewältigung von Burnout und beruflicher Deformation.* München: Pfeiffer.

Fengler, J. (1995). Burnout: Möglichkeiten der Prävention und Rehabilitation. In C. Brown & C. Reimer (Hrsg.), *Psychohygiene im Krankenhaus. Belastung bei Pflegenden und Medizinern* (S. 65-87) Giessen: Focus.

Fischer, H.J. (1983). A Psychoanalysis of Burnout. In B.A. Farber (Ed.), *Stress and Burnout in the Human Services* (pp. 40-45). New York: Pergamon Press.

Foucault, M. (1969). *Wahnsinn und Gesellschaft. Eine Geschichte des Wahns im Zeitalter der Vernunft.* Frankfurt am Main: Suhrkamp. [franz. Orig. (1961): Histoire de la folie.]

Foucault, M. (1971). *Die Ordnung der Dinge.* Frankfurt am Main: Suhrkamp. [franz. Orig. (1966): Les mots et les choses.]

Foucault, M. (1973). *Archäologie des Wissens.* Frankfurt am Main: Suhrkamp. [franz. Orig. (1969): L'archéologie du savoir.]

Foucault, M. (1976). *Überwachen und Strafen. Die Geburt des Gefängnisses.* Frankfurt am Main: Suhrkamp. [franz. Orig. (1975): Surveiller et punir.]

Foucault, M. (1977). *Der Wille zum Wissen. Sexualität und Wahrheit I.* Frankfurt am Main: Suhrkamp. [franz. Orig. (1976): Histoire de la sexualité, I: La volonté de savoir.]

Foucault, M. (1985). Hermeneutik des Subjekts. Vorlesung am College de France (1982). Nachschrift und Übersetzung von H. Becker in Zusammenarbeit mit L. Wolfstetter. In H. Becker, R. Fornet-Betancourt, A. Gomez-Muller & L. Wolfstetter (Hrsg.), *Freiheit und Selbstsorge: Interview 1984 und Vorlesung 1982/ Michel Foucault.* Frankfurt am Main: Materialis.

Foucault, M. (1986a). *Der Gebrauch der Lüste. Sexualität und Wahrheit II.* Frankfurt am Main: Suhrkamp. [franz. Orig. (1984): Histoire de la sexualité, II: L'usage des plaisirs.]

Foucault, M. (1986b). *Die Sorge um sich. Sexualität und Wahrheit III.* Frankfurt am Main: Suhrkamp. [franz. Orig. (1984): Histoire de la sexualité, III: Le souci de soi.]

Foucault, M., Becker, H., Fornet-Betancourt, R. & Gomez-Muller, A. (1985). Freiheit und Selbstsorge. Gespräch mit Michel Foucault am 20. Januar 1984. In H. Becker, R. Fornet-Betancourt, A. Gomez-Muller & L. Wolfstetter (Hrsg.), *Freiheit und Selbstsorge: Interview 1984 und Vorlesung 1982/ Michel Foucault* (S. 9-28). Frankfurt am Main: Materialis.

Foucault, M. & Martin, R. (1993). Wahrheit, Macht, Selbst. Ein Gespräch zwischen Rux Martin und Michel Foucault (25. Oktober 1982). In L.H. Martin, H. Gutman & P.H. Hutton (Hrsg.), *Technologien des Selbst* (S. 24-62). Frankfurt am Main: S. Fischer. [amerik. Orig. (1988): Technologies of the Self.].

Freud, S. (1975, Orig. 1937). Die endliche und die unendliche Analyse. In A. Mitscherlich, A. Richards & J. Strachey (Hrsg.), *Freud Studienausgabe, 11: Ergänzungsband „Schriften zur Behandlungstechnik".* Frankfurt am Main: S. Fischer.

Freudenberger, H.J. (1974). Staff Burnout. *Journal of Social Issues, 30,* 159-165.

Geissler, B. & Oechsle, M. (1994). Lebensplanung als Konstruktion: Biographische Dilemmata und Lebenslauf-Entwürfe junger Frauen. In U. Beck & E. Beck-Gernsheim (Hrsg.), *Riskante Freiheiten* (S. 139-167). Frankfurt am Main: Suhrkamp.

Gelatt, H.B. (1989). Positive Uncertainty: A New Decision-Making Framework for Counseling. *Journal of Counseling Psychology, 36*, 252-256.

Gillespie, D.F. (1983). *Understanding and Combatting Burnout.* Monticello: Vance Bibliographies.

Gniech, G. (1993). Reaktanz. In A. Schorr (Hrsg.), *Handwörterbuch der Angewandten Psychologie.* (S. 586-589). Bonn: Deutscher Psychologen Verlag.

Greene, G. (1961). *Ein ausgebrannter Fall.* Hamburg: Zsolnay. [amerik. Orig. (1961): A Burnt-out Case.]

Groneveld-Berneking, B. (1992). Arbeitsgruppe: Wie sorge ich als Berater für mich selbst. *Deutsche Arbeitsgemeinschaft für Jugend- und Eheberatung (DAJEB) - Informationsrundschreiben, 187*, 29-36.

Gunzelmann, T., Schiepek, G. & Reinecker, H. (1987). Laienhelfer in der psychosozialen Versorgung: Meta-Analyse zur differentiellen Effektivität von Laien und professionellen Helfern. *Gruppendynamik, 18* (4), 361-384.

Gussone, B. (1995). *Die „Sorge um sich" als Burnout-Prävention für PsychotherapeutInnen.* Münster: Unveröffentlichte Diplomarbeit.

Hadot, P. (1991). *Philosophie als Lebensform. Geistige Übungen in der Antike.* Berlin: Gatza. [franz. Orig. (1981): Exercises spirituels et philosophie antique.]

Heifetz, L.J. & Bersani, H.A. (1983). Disrupting the Cybernetics of Personal Growth: Toward a Unified Theory of Burnout in the Human Services. In B.A. Farber (Ed.), *Stress and Burnout in the Human Services* (pp. 46-62). New York: Pergamon Press.

Hesse, H. (1972, Orig. 1943). *Das Glasperlenspiel.* Frankfurt am Main: Suhrkamp.

Hirschberger, J. (1982, 17. Aufl.). *Kleine Philosophiegeschichte.* Freiburg im Br.: Herder.

Hitzler, R. & Honer, A. (1994). Bastelexistenz. Über subjektive Konsequenzen der Individualisierung. In U. Beck & E. Beck-Gernsheim (Hrsg.), *Riskante Freiheiten* (S. 307-315). Frankfurt am Main: Suhrkamp.

Hölderlin, F. (1983). *Hyperion oder der Eremit in Griechenland.* Stuttgart: Reclam. (Der Text folgt F. Beißner (Hrsg.): Hölderlin, Sämtliche Werke, Bd. 3 Kleine Stuttgarter Ausgabe, 1958).

Imber-Black, E. (1992). *Familien und größere Systeme. Im Gestrüpp der Institutionen.* Heidelberg: Carl Auer.

Jones, J. (1980). *Preliminary Manual: The Staff Burnout Scale for Health Professionals.* Park Ridge: London House.

Jurkat, H. & Reimer, C. (1995). Zur Problematik der Lebensqualität von Ärztinnen/Ärzten. In C. Brown & C. Reimer (Hrsg.), *Psychohygiene im Krankenhaus. Belastung bei Pflegenden und Medizinern* (S. 89-109). Giessen: Focus.

Kanfer, F.H., Reinecker, H. & Schmelzer, D. (1991). *Selbstmanagement-Therapie.* Berlin: Springer.

Kahn, R.L., Wolfe, D.M., Quinn, R.P., Snock, J.D. & Rosenthal, R.H. (1964). *Organizational Stress: Studies in Role Conflict and Ambiguity.* New York: Wiley.

Karger, H.J. (1981). Burnout as Alienation. *Social Service Review, 55,* 270-283.

Keupp, H. (1986). Helfer am Ende? Subjektive und objektive Grenzen psychosozialer Praxis in der ökonomischen Krise. In D. Kleiber & B. Rommelspacher (Hrsg.), *Die Zukunft des Helfens. Neue Wege und Aufgaben psychosozialer Praxis* (S. 103-143). Weinheim: Beltz.

Keupp, H. (1988). Auf dem Weg zur Patchwork-Identität? *Verhaltenstherapie und psychosoziale Praxis, 20* (4), 425-437.

Keupp, H. (1994a). *Psychologisches Handeln in der Risikogesell-schaft. Gemeindepsychologische Perspektiven.* München: Quintessenz.

Keupp, H. (1994b). Ambivalenzen postmoderner Identität. In U. Beck & E. Beck-Gernsheim (Hrsg.), *Riskante Freiheiten* (S. 336-350). Frankfurt am Main: Suhrkamp.

Kleiber, D. (1986). Immer mehr psychisch Kranke? Überlegungen zur Epidemiologie und zur Versorgungssituation. In D. Kleiber & B. Rommelspacher (Hrsg.), *Die Zukunft des Helfens. Neue Wege und Aufgaben psychosozialer Praxis* (S. 13-73). Weinheim: Beltz.

Kleiber, D. & Enzmann, D. (1990). *Burnout. Eine internationale Bibliographie.* Göttingen: Hogrefe.

Klieser, E. & Bruck, M. (1995). Leitlinien zur Behandlung von Burn-out-Patienten.*Münchner Medizin. Wochenschrift, 137* (4),45-48.

Koch, G. & Wahrheit, G. (1987). Zukunftswerkstätten über das Obdach als Arbeitsplatz. Erfahrungen. *Soziale Arbeit, 36* (3), 82-91.

Kriz, J. (1989). *Grundkonzepte der Psychotherapie. Eine Einführung.* München: Psychologie Verlags Union.

Künzel, R. (1989). Praxisschock: Der Sprung ins Wasser des Berufslebens. In I. Beerlage & E.-M. Fehre (Hrsg.), *Praxisforschung zwischen Intuition und Institution* (S. 23-33). Tübingen: dgvt-Verlag.

Künzel, R. & Schulte, D. (1986). „Burn-out" und Praxisschock Klinischer Psychologen. *Zeitschrift für Klinische Psychologie, 15* (4), 303-320.

Lief, H. & Fox, R.C. (1963). Trainig for „Detached Concern" in Medical Students. In H. Lief, V. Lief & N. Lief (Eds.), *The Psychological Basis of Medical Practice.* New York: Harper & Row.

Manteufel, A. & Schiepek, G. (1994a). Systemkompetenz. Orientierung und Handeln in komplexen Sozialsystemen. *Verhaltenstherapie und psychosoziale Praxis, 26* (2), 203-216.

Manteufel, A. & Schiepek, G. (1994b). Kontextbezogene Selbsterfahrung und Systemkompetenz. In A.-R. Laireiter & G. Elke (Hrsg.), *Selbsterfahrung in der Verhaltenstherapie* (S. 57-79). Tübingen: dgvt-Verlag.

Manteufel, A. & Schiepek, G. (1998). *Systeme spielen. Selbstorganisation und Kompetenzentwicklung in sozialen Systemen.* Göttingen: Vandenhoeck & Ruprecht.

Marquard, A., Runde, P. & Westphal, G. (1993). *Psychische Belastung in helfenden Berufen: Bedingungen, Hintergründe, Auswege.* Opladen: Westdeutscher Verlag.

Marti, U. (1988). *Michel Foucault.* München: Beck.

Marx, K. (1971, Orig. 1844). Zur Kritik der Nationalökonomie - ökonomisch-philosophische Manuskripte. In H.J. Lieber & P. Furth (Hrsg.), *Karl Marx: Werke - Schriften, Bd. 1: Frühe Schriften* (S. 506-665). Darmstadt: Wissenschaftliche Buchgesellschaft.

Maslach, C. (1976). Burned Out. *Human Behaviour, 5,* 16-22.

Maslach, C. (1978). Clients and Burn-out. *Journal of Social Issues, 34* (4), 111-124.

Maslach, C. & Jackson, S.E. (1984). Burnout in Organizational Settings. In S. Oscamp (Ed.), *Applied Social Psychology Annual, 5* (pp. 133-153). Beverly Hills: Sage Publications.

Maslach, C. & Pines, A. (1977). The Burnout Syndrome in the Day Care Setting. *Child Care Quaterly, 6* (2), 100-113.

Maslow, A.H. (1981). *Motivation und Persönlichkeit.* Reinbek: Rowohlt. [amerik. Orig. (1954): Motivation and Personality.]

Mecheril, P. & Bales, S. (1994). Über Zusammenhänge zwischen multikultureller und postmoderner Identität. *Systeme, 8 (*2), 37-54.

Meyer, E. (Hrsg.) (1991). *Burnout und Stress. Praxismodelle zur Bewältigung.* Hohengehren: Schneider.

Modlin, H.C. & Montes, A. (1964). Narcotics Addiction in Physicians. *American Journal of Psychiatry, 121,* 358-365.

Mummendey, H.D. (1990). *Psychologie der Selbstdarstellung.* Göttingen: Hogrefe.

Murray, R.M. (1977). Psychiatric Illness in Male Doctors and Controls: An Analysis of Scottish Hospitals Inpatient Data. *British Journal of Psychiatry, 131,* 1-10.

Myers, M.F. (1988). *Doctor's Marriages. A Look at the Problems and their Solutions.* New York: Plenum Publishing Corporation.

Nietzsche, F. (1975, 17. Aufl.). *Also sprach Zarathustra: ein Buch für alle und keinen. Gesammelte Werke.* Stuttgart: Kröner.

Nietzsche, F. (1986, 7. Aufl.). *Die fröhliche Wissenschaft. Gesammelte Werke.* Stuttgart: Kröner.

Partridge, E. (1961). *A Dictionary of Slang and Unconventional English, Vol. 1.* London: Routledge & Paul.

Pfahler, E. & Schmelzer, D. (1991). Zur Therapieausbildung in der Praxis: Umgang mit beruflichem Streß und Prävention von „Burnout"-Möglichkeiten für Verhaltenstherapeuten. *Verhaltensmodifikation und Verhaltensmedizin, 12* (1), 29-54.

Plessen, U. & Kaatz, S. (1985). *Supervision in Beratung und Therapie.* Salzburg: Otto Müller.

Portele, G.H. & Roessler, K. (1994). *Macht und Psychotherapie. Ein Dialog.* Köln: Edition Humanistische Psychologie.

Pühl, H. (Hrsg.) (1994). *Handbuch der Supervision. Beratung und Reflexion in Ausbildung, Beruf und Organisation.* Berlin: Edition Marhold.

Rappaport, J. (1985). Ein Plädoyer für die Widersprüchlichkeit. Ein sozialpolitisches Konzept des „Empowerment" anstelle präventiver Ansätze. *Verhaltenstherapie und psychosoziale Praxis, 17* (2), 257-278.

Reimer, C. (1994). Lebensqualität von Psychotherapeuten. *Psychotherapeut, 39*, 73-78.

Rommelspacher, B. (1986). Zukunft des Helfens - Zukunft der Frauen? Zur professionalen Identität von Frauen in psychosozialen Berufen. In D. Kleiber & B. Rommelspacher (Hrsg.), *Die Zukunft des Helfens. Neue Wege und Aufgaben psychosozialer Praxis* (S. 161- 183). Weinheim: Beltz.

Satir, V. (1975). *Selbstwert und Kommunikation.* München: Pfeiffer.

Scheele, B. (1991). Dialogische Hermeneutik. In U. Flick, E. von Kardorff, H. Keupp, L. von Rosenstiel & S. Wolff (Hrsg.), *Handbuch Qualitative Sozialforschung. Grundlagen, Konzepte, Methoden und Anwendungen* (S. 274-278). München: Psychologie Verlags Union.

Schelp, T., Maluck, D., Gravemeier, R. & Meusling U. (1990). *Rational-Emotive Therapie als Gruppentraining gegen Streß.* Bern: Huber.

Schiepek, G. (1991). *Systemtheorie der Klinischen Psychologie.* Braunschweig: Vieweg.

Schiepek, G. (1993). Lebensformen in der postmodernen Gesellschaft: Konsequenzen für die Therapie. *Systeme, 7*(1), 16-28.

Schiepek, G. (1997a). Ausbildungsziel: Systemkompetenz. In L. Reiter, E.J. Brunner & S. Reiter-Theil (Hrsg.), *Von der Familientherapie zur systemischen Perspektive* (2., völlig überarbeitete Auflage) (S. 181-215). Berlin: Springer.

Schiepek, G. (1997b). Selbstsorge in helfenden Berufen – Systemkompetenz als Merkmal von Professionalität. In Katholische Ärztearbeit Deutschlands (Hrsg.), *Wenn Helfer Hilfe brauchen – das Burnout-Syndrom* (S. 51-68). Melle: Verlag Ernst Knoth.

Schiepek, G. (1999). *Die Grundlagen der Systemischen Therapie. Theorie – Praxis – Forschung.* Göttingen: Vandenhoeck & Ruprecht.

Schiepek, G. & Strunk, G. (1994). *Dynamische Systeme. Grundlagen und Analysemethoden für Psychologen und Psychiater.* Heidelberg: Asanger.

Schiepek, G., Wegener, C., Wittig, D. & Harnischmacher, G. (1998). *Synergie und Qualität in Organisationen. Ein Fensterbilderbuch.* Tübingen: dgvt-Verlag.

Schischkoff, G. (1982, 21. Aufl.). *Philosophisches Wörterbuch.* Stuttgart: Kröner.

Schlippe, A. von. (1990). „Hauptsache dem Therapeuten geht's gut." Umgang mit problematischen Situationen in der Familientherapie. In E.J. Brunner & D. Greitemeyer (Hrsg.), *Die Therapeutenpersönlichkeit. Zweites Weinheimer Symposion 1989* (S. 72-78). Wildberg: Bögner-Kaufmann.

Schmid, W. (1992). *Auf der Suche nach einer neuen Lebenskunst. Die Frage nach dem Grund und die Neubegründung der Ethik bei Foucault.* Frankfurt am Main: Suhrkamp.

Schmidbauer, W. (1977). *Die hilflosen Helfer. Über die seelische Problematik der helfenden Berufe.* Reinbek: Rowohlt.

Schmidbauer, W. (1983). *Helfen als Beruf. Die Ware Nächstenliebe.* Reinbek: Rowohlt.

Scholl, W. (1993). Grundkonzepte der Organisation. In H. Schuler (Hrsg.), *Organisationspsychologie* (S. 409-444). Göttingen: Huber.

Schreyögg, A. (1991). *Supervision. Ein integratives Modell. Lehrbuch zu Theorie und Praxis.* Paderborn: Junfermann.

Schweitzer, J. (1989). Professionelle (Nicht-)Kooperation: Ihr Beitrag zur Eskalation dissozialer Karrieren. *Zeitschrift für systemische Therapie, 7,* 247-254.

Schwertl, W. & Staubach, M. (1997). Dissens als Motor der Veränderung. *Personalwirtschaft, 1,* 30-33.

Scobel, W.A. (1989). *Was ist Supervision?* Göttingen: Vandenhoeck & Ruprecht.

Seligman, M.E.P. (1979). *Erlernte Hilflosigkeit.* München: Urban & Schwarzenberg. [amerik. Orig. (1975): Learned Helplessness.]

Shakespeare, W. (1940). *The Passionate Pilgrim.* New York: Scribner's.

Shazer, S. de. (1992). *Wege der erfolgreichen Kurzzeittherapie.* Stuttgart: Klett-Cotta.

Smith, N.M. & Nelson, V.C. (1983). Helping May Be Harmful: The Implications of Burnout for the Special Librarian. *Special Libraries, 74,* 14-19.

Tedeschi, J.T., Lindskold, S. & Rosenfeld, P. (1985). *Introduction to Social Psychology.* St. Paul, MN: West Publishing Company.

Tesser, A. (1980). Self-Esteem-Maintenance in Family Dynamics. *Journal of Personality and Social Psychology, 39,* 77-91.

Tesser, A. (1988). Toward a Self-Evaluation Model of Social Behavior. In L. Berkowitz (Ed.), *Advances in Experimental Social Psychology, Vol. 21* (pp. 181-227). New York: Academic Press.

Wagner, P. (1993). *Ausgebrannt. Zum Burnout-Syndrom in helfenden Berufen.* Bielefeld: Böllert.

Welsch, W. (1993). *Unsere postmoderne Moderne.* Weinheim: VCH.

Willi, J. (1992). *Die Zweierbeziehung. Spannungsursachen. Störungsmuster. Klärungsprozesse. Lösungsmodelle.* Reinbek: Rowohlt.

Willutzki, U. & Ambühl, H. (1992). Burnout und die Entwicklung von Psychotherapeutinnen und Psychotherapeuten. In L. Montada (Hrsg.), *Bericht über den 38. Kongreß der Deutschen Gesellschaft für Psychologie, Bd. 2* (S. 806-813). Göttingen: Hogrefe.

Zentralstelle für Arbeitsvermittlung der Bundesanstalt für Arbeit (Hrsg.), *Arbeitsmarktinformationen 2/1993. Psychologinnen und Psychologen.* Frankfurt am Main.

Antike Quellen

Celsus. *De Medicina.* Text und englische Übersetzung: W.G. Spencer (LCT). Deutsche Übersetzung: E. Scheller. Darmstadt: 1967.

Epikur. *Briefe und Maximen.* Text hrsg. von H. Usener, Leipzig: 1887. Deutsche Übersetzung: O. Gigon. Zürich: 1949.

Fronto. *The Correspondence of Marcus Cornelius Fronto.* Text und englische Übersetzung: C.R. Haines, 2 Bde. London: 1928. (LCL)

Platon. *Alkibiades.* Text und deutsche Übersetzung: Schleiermacher. Hrsg. von G. Eigler. Darmstadt: 1973.

Platon. *Apologie.* Text und deutsche Übersetzung: Schleiermacher. Hrsg. von G. Eigler. Darmstadt: 1977.

Seneca. *De ira.* Text und französische Übersetzung: A. Bourgery. Paris: (CVF). Deutsche Übersetzung: O. Apelt. Leipzig: 1923.

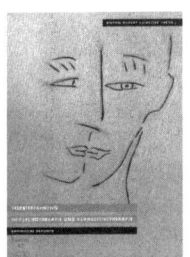

Anton Rupert Laireiter (Hrsg.)

Selbsterfahrung in Psycho-
therapie und Verhaltenstherapie

Empirische Befunde

Forum 42, 2000, 608 Seiten, DM 68,-
ISBN 3-87159-142-4

D as vorliegende Buch beinhaltet eine systematische Zusammenstellung von Grundlegenden Arbeiten zum Stand der Forschung zur Selbsterfahrung und Ausbildungstherapie. Enthalten sind sowohl Überblicksbeiträge, die den Stand der Forschung zusammenfassend und kritisch darstellen, wie auch empirische Orginalarbeiten zu verschiedenen Fragestellungen aus dem Bereich.

Diese zeigen ein durchgehendes Muster: Selbsterfahrung und Eigentherapie werden von Psychotherapeuten in einem außerordentlich hohen Ausmaß in Anspruch genommen. Allein die Wirksamkeit der therapeutischen Tätigkeit der späteren Therapeuten scheint dadurch nicht beeinflußt zu werden. Häufig übersehen wird auch, daß Selbsterfahrung und Eigentherapie häufig auch negative und problematische Effekte nach sich ziehen können, die bislang noch wenig beforscht worden sind.

Die hier vorgelegten Befunde sind daher von großer Bedeutung für eine rationale und mit empirischen Argumenten zu führenden Diskussion dieser Thematik.

Bitte fordern Sie unser Gesamtverzeichnis an!
dgvt-Verlag, Hechinger Str. 203, 72072 Tübingen
Tel.: (07071) 79 28 50, Fax: (07071) 79 28 51

Frank Ziesing & Ulrich Pfingsten

Selbstveränderung

Verhaltenstherapie selbst
Erfahren

1994,, 164 Seiten, 36,- DM
ISBN 3-87159-403-2

In diesem als Projekt angelegten Kurs wird eine Auswahl von Techniken vorgestellt, die heutzutage in der Verhaltenstherapie Anwendung finden und die man mit der Bezeichnung eklektizistisch oder multimodal versehen kann. Das bedeutet, sie haben eine ganz unterschiedliche theoretische Herkunft und setzen auf verschiedenen Ebenen menschlichen Erlebens und Verhaltens an. Zweck des Buches ist es, InteressentInnen in möglichst anschaulicher Weise und vor allem anhand eigener Erfahrungen in die Verhaltenstherapie einzuführen sowie mit deren neueren Verfahren bekannt zu machen. Damit wird eine Zielrichtung eingeschlagen, die Mahoney folgendermaßen charakterisiert: "Wir sollten Therapie als ein Wissen ansehen, in dem Menschen zu   Wissenschaftlern für die eigene Person ausgebildet werden."

Bitte fordern Sie unser Gesamtverzeichnis an!
dgvt-Verlag, Hechinger Str. 203, 72072 Tübingen
Tel.: (07071) 79 28 50, Fax: (07071) 79 28 51

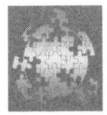

PSYCHOTHERAPIE
Entwicklungslinien und Geschichte

Herausgegeben von
Jeffrey K. Zeig

Jeffrey K. Zeig (Hrsg.)

Psychotherapie
Entwicklungslinien und Geschichte

1991, fest geb., 672 Seiten, 64,- DM
ISBN 3-922686-97-4

Das Buch präsentiert in einzigartiger Weise die Summe der Erkenntnisse und Entwicklungen der gegenwärtigen Psychotherapie, dargestellt von 27 der berühmtesten führenden Theoretiker bzw. PraktikerInnen:

Familientherapie
Salvador Minuchin, Jay Haley, Murray Bowen, Cloé Madanes, Virginia M. Satir, Carl A. Whitaker, Paul Watzlawick

Verhaltenstherapie / Kognitive Therapie
Albert Ellis, Joseph Wolpe, Aaron T. Beck, Arnold A. Lazarus

Humanistische und existentielle Therapieformen
Carl R. Rogers, Ruth C. Sanford, R.D. Laing, Rollo R. May

Psychoanalyse
Bruno Bettelheim, James F. Masterson, Lewis R. Wolberg, Judd Marmor

Gruppentherapeutische Ansätze, Transaktionsanalyse, Gestalttherapie, Psychodrama
Mary McClure Goulding, Robert L. Goulding, Miriam Polster, Erving Polster, Zerka T. Moreno

Ansätze nach Erickson
Ernest L. Rossi, Jeffrey K. Zeig

Bitte fordern Sie unser Gesamtverzeichnis an!
dgvt-Verlag, Hechinger Str. 203, 72072 Tübingen
Tel.: (07071) 79 28 50, Fax: (07071) 79 28 51

Hans Reinecker
unter Mitarbeit von Michael Borg-
Laufs, Ulrike Ehlert, Dietmar Schulte,
Hardo Sorgatz & Heiner Vogel

Lehrbuch der Verhaltenstherapie

1999, fest geb., 608 Seiten, 68,- DM
ISBN 3-87159-010-7

Die Verhaltenstherapie ist heute als wissenschaftlich fundiertes therapeutisches Verfahren mit hoher Praxisrelevanz allgemein anerkannt. Sie bietet effektive professionelle Hilfe und hat das Selbstmanagement der Patienten zum Ziel.

Die Anwendung der Verhaltenstherapie erweist sich in einem breiten Bereich psychischer Störungen bei Kindern, Jugendlichen und Erwachsenen als hochwirksam, und auch bei somatischen Erkrankungen werden Prinzipien der Verhaltenstherapie im Sinne eines interdisziplinären Zugangs immer bedeutsamer.

Das vorliegende Lehrbuch enthält eine kompetente, umfassende Darstellung der Prinzipien kognitiver Verhaltenstherapie, der funktionalen Analyse, der Theorien und Methoden der Verhaltenstherapie sowie der Einbettung von Verhaltenstherapie im Sinne der Gesundheitsversorgung.

Bitte fordern Sie unser Gesamtverzeichnis an!
dgvt-Verlag, Hechinger Str. 203, 72072 Tübingen
Tel.: (07071) 79 28 50, Fax: (07071) 79 28 51

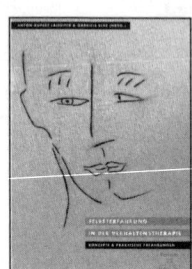